英語教師の

授業デザイン力を高める3つの力

―読解力・要約力・編集力―

編著
中嶋洋一

大修館書店

はじめに

1.「教科書」で，生徒が "ワクワク" する授業をすることは可能か

　「なぜ，教科書を使った授業はワクワクしないのだろう」。そう考えたことはありませんか。「いやいや，教科書はエンターテインメントのためのものではない。将来のために，基礎基本として，しっかり覚えておかなければならないものだ」という声も聞こえてきそうです。

　しかし，世の中には同じ教科書を使っているのに，生徒がワクワクする授業をしている教師がいます。その授業では，生徒が4技能の能力を高め，自分の言いたいことを表現し，実用英語検定試験にもどんどん合格し，何よりも英語という教科が好きになっていきます。

　「一体，指導者は，授業でどんなことをしているのだろう。その秘密が知りたい」。そう，思われませんか。

　謎解きのヒントは，漫画にあります。皆さんは，漫画はお好きですか。もしかしたら，小さい頃，週刊誌や月刊誌を購読しておられたのではないでしょうか。いや，今でも，「ONE PIECE」や「名探偵コナン」などは読んでおられるのかもしれません。

　では，皆さんに質問です。漫画を読んでいて，最もハラハラ，ワクワクするコマはどこでしょうか。

　その回の最後のコマや見開きページの最後のコマではないでしょうか。早く続きが読みたい，この先はどうなるのかを知りたくて，急いでページをめくり，食い入るように読んでいるはずです。それは，漫画家が最初に「ネーム」（ストーリー）の構想を丁寧に練り，「ハッ」とするコマの内容と位置を決めてから，絵コンテを描き，仕上げているからです。

　これを授業に置き換えてみましょう。漫画のようにワクワクする「勝負」のコマを，50分の授業のどこで用意すればいいのか。50分というストーリーをいくつのパーツに分けるのか。どこで，どんな「伏線」を張るのか。何で揺さぶり，どこでどんでん返しをするか。そんなことをいろいろと考えていると，なんだかウキウキしてきませんか。

実は，生徒がワクワクする授業を展開する教師は，授業を受けている生徒の顔を想像しながら，そのような授業デザインを心から楽しんでいるのです。

2．"ワクワク"する授業は，教師の究極の目標

「ワクワク」の意味を，国語辞典の『大辞林』(三省堂) では「期待や喜びで心がはずんで落ち着かないさま」と定義しています。「ワクワク」を，各地の方言で言うと，「はっかはっか」(岩手)，「はかはか」(宮城)，「わぐわぐ」(秋田)，「(目が) きときと」(富山)，「めっさええ」(兵庫)，「ちむどんどん」(沖縄) になります。

いずれも，心がワクワクしてくる感じが伝わります。生徒の言葉なら，「やば」「テンションまじ上がるわ」になるのでしょうか。そのような言葉を聞いてみたい。全てのスタートはそこからです。

本書では，授業づくりの原点に立ち返って，生徒がワクワクする授業を分析しています。「どう指導するか」という教え方ではなく，「学習者はどのように学ぼうとするのか」という学び方に焦点を当てています。

ワクワクする要因がわからなければ，教師はそのような授業をデザインすることはできません。それぞれの教科で，ワクワクする授業が増えれば増えるほど，日々の生活指導は減っていきます。なぜなら，「わかる，楽しい，できた！」という授業は，教師への信頼につながり，結果として最も効果が上がる本当の「生徒指導」になるからです。

3．"ワクワク"する授業の鍵は，教師の「読解力・要約力・編集力」

授業改善と聞くと，すぐ「指導技術」や様々な「言語活動」を想像しがちです。しかし，本当に大切なのはそこではありません。結論から申し上げましょう。教師の「読解力・要約力・編集力」(以下「3つの力」)こそが，ワクワクする授業づくりのベースとなるのです。

本書で述べている「3つの力」の概念，それに基づく授業改善の指標は，他書とは大きく異なります。本書では，学習者心理や脳の特性を活かした授業づくり，今まで扱われることが少なかった「ワクワク授業」の根幹について取り上げています。ですから，読み進めるうちに，今まで，なぜモヤモヤして

いたのかという原因がわかり，ご自分の授業の改善点がくっきりと見えてく
るはずです。

「3つの力」が高まってくると，無性に授業がしたくなります。そうこうす
るうちに，皆さんの中に「こんな生徒を育てたい」という「理念」や「教育哲
学」が作られていきます。

私は，拙著『だから英語は教育なんだ』（研究社）や『プロ教師に学ぶ真のア
クティブ・ラーニング』（開隆堂出版）で，一貫して教師の「理念」「教育哲学」
（philosophy of education）の大切さを述べてきました。なぜなら，自身の理念
や哲学は，自分の目の前に立ちはだかる壁を乗り越えようとする活力，目指
す方向に向かう推進力となるからです。

教科書の進度やテストの結果が気になり，忙しさから，つい楽にできるも
の（レンジでチン！をするような教材のパッケージ）を求めるようになると，いつ
しか「理念」を忘れ，目先の授業だけを見るようになります。しかし，それ
は，皆さんが本来望んでいることではないはずです。

皆さんが教師になろうとした「初心」を思い出してみてください。それは，
教科書を終わらせることではなく，「英語好きを増やしたい」「コミュニケー
ションの大切さを伝えたい」という願いだったのではないでしょうか。

ストレスは，多忙のせいでも，生徒のせいでもありません。日々の授業で
自分自身が「ワクワク」できないことこそが，様々な問題の要因になっている
のです。そう考えると，少し肩の荷が降りたような気持ちになりませんか。

「自分がワクワクできる授業」を心がけていけば，やがて全てがゆっくりと
プラスのサイクルで動きはじめます。本書を読み終わられたら，試しに，も
う一度，既読の書籍，特にノウハウ（know-how）を紹介している本を手に
とってみてください。すると，新しい書き込みが増え，その内容が今までと
は違って見えるはずです。きっと，「ああ，ここは，そういうことだったの
か」「そうか，ここが抜けていたのか」という気づきで溢れることでしょう。

4．指導者が“ワクワク”できれば，学習者も“ワクワク”する

本書で述べられていることの多くは，私がほぼ30年に渡り，様々なところ
で紹介してきたことです。たとえば，ボランティアで40歳から始めた「中嶋

塾」（6年間。現在も求道塾として交流），大学で教鞭をとるようになった際に始めた「地球市民を育てる教師のための研修会」（10年で100回。卒塾生は250人），「NUの会」（5年間。大阪府の中学校校長会長の宇治和比古氏と立ち上げた会。全ての教科の授業を映像で見ながらStop Motionで助言），そして直近の「教師のための綴り方教室」（2年間。受講者は，大修館書店『英語教育』連載を担当）などです。

　今回，執筆者としてお願いした4人は，大修館書店『英語教育』の連載メンバーであるだけでなく，上記の研修会にも参加していました。本書では，連載内容をさらに発展させ，豊富な実践とともに紹介しています。

　どうぞ，下の図を参考にコースを選び，ペンを手にゆっくりお読みください。そして，ご自分がワクワクされた箇所，思わず書き込みをされた箇所で，ちょっとだけ立ち止まり，そんな授業をしている自分の姿を想像してみてください。

　そのとき，紙面の向こうに，笑顔でいっぱいの生徒たち，活気のあるクラスの様子が見えてくることでしょう。

中嶋洋一

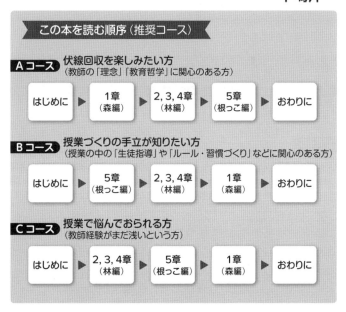

C O N T E N T S

第1章

「３つの力」と教師の「授業デザイン」

1-1 │ なぜ,「書くこと」が 「授業力」を高めるのか

1-1-1 もっと「第2の脳」を活かした教育を！

　私たちは，聞くときは耳を使い，話すときは口を使っています。そして読むときは目を使います。3つの技能は頭部に集中しています。しかし，書くときだけは，頭ではなく「手(指)」を使います。

　手(指)は「**第2の脳**」とも言われています。手書きでは，鉛筆(ペン)の先を紙に置いた瞬間に，頭と手がつながったような感覚になります。この身体的な動きによって脳が刺激されます。文字を書くと，学んだことを脳に刻み込みやすいのはそのためです。デジタルデバイスに入力したことよりも，手書きで書いたことの方を覚えているのは，どこにどのように書いたか，というイメージを伴って脳が記憶しているからです。

　本書では，4技能の中でも，特に「書くこと」に特化しています。なぜなら，「書くこと」こそが「思考力・判断力・表現力」を高める起爆剤となり，さらにその人の考え方(デザイン力，俯瞰力など)にも大きな影響を与えるからです。

　文字(リテラシー)は人間だけに与えられたコミュニケーションの手段であり，それが「文明」を発展させてきたとも言えます。世界で最も古い文字と言われるエジプトのヒエログリフ(大英博物館所蔵の「ロゼッタ・ストーン」が有名)，メソポタミアの楔形文字，そして中国の甲骨文字などが，今から約5,000年も前に生まれました。それには，互いの記憶を共有するという目的がありました。文字は，時間を超えて存在し続けます。そのおかげで，今，私たちは松尾芭蕉が残した俳句，紫式部が書いた『源氏物語』，豊臣秀吉や坂本龍馬の直筆の手紙も読めるのです。

　今，パソコンやスマホが当たり前のように使われるようになり，手を使って文字を書く機会はめっきり減っています。デジタルの方が速く書け，保存や加筆編集しやすいというメリットがあるからです。しかし，その便利さに依存してしまうと，肝心なときにパッと情報が取り出せなくなります。

　手書きで文字を書くというのは，デジタルに移行しようとしている世の中にあっては，アナログ(旧式)志向と思われるかもしれません。しかし，自由

自在に文字を書くということは，真っ白なキャンバスに「自分の世界」を思う存分に描けるということです。何より，優れたアイデアや素晴らしい作品の多くは，メモ書き（ラフ・スケッチ）から生まれています。

▊1-1-2▊ 書くことは，「読み手」に伝えるということ

「書く」とは「綴る」ということです。それは，人間の生き方や考え方そのものです。「綴り方」を学ぶ中で最も大切にすべきことは，相手の立場に立って考えることです。それは，読み手である相手の関心，ニーズや実態を考慮するということに他なりません。

人が何かを書く場合，「誰に向けて，何のために」という目的が存在します。読み手が「読む」ことを想定して行うのが本来の「書く」という行為だからです。残念ながら，教育現場では「相手」を特定せず，ただ練習のために書いているということが多いようです。

では，読み手の立場に立って書くとはどういうことでしょう。例を示します。次の文は，「授業がうまくいかない，生徒の表情が暗い，ヒントを出しても反応が返ってこない」と悩む教師の相談に対して書かれたアドバイスです。読まれて，どんな印象を持たれるでしょうか。

....

　<u>生徒が白ける授業，受け身にさせてしまう</u>授業には共通点があります。それは，<u>生徒の気持ちを無視していることに，教師自身が気づけていない</u>ということです。

　たとえば，「ヒントを出す」という教師の指導を考えてみましょう。ヒントと言いながら，実際は<u>少しだけ考えさせるふりをして，すぐに教師が説明しはじめている</u>ということがあります。あるいは，<u>答えさせたい事柄に誘導するためのキーワードを押し付けています</u>。そうやって，<u>教師が「自分のやりたいこと」を優先させ，生徒の目を虚ろにさせ</u>ていないでしょうか。ご自分の授業が，そうなっていないかどうかを反省してみること。まずは，それがスタートではどうでしょうか。（下線は筆者）

....

どこか，上から目線に見えないでしょうか。問題は下線部の書き方です。回答者が使っている「白ける，受け身，無視している，ふりをする，答えさせる，やりたいことを優先」といった文言は，相談者の悩みからは読み取れ

ないことなのに，決めつけるような書き方になっています。これでは，相談者は素直にアドバイスを受け入れにくいでしょう。

　では，次のような書き方ならどうでしょうか。

　授業は教師のバロメーター。生徒の反応の良さ，悪さが教師を一喜一憂させます。「最近，生徒の表情が暗くなってきた気がする」「生徒に問いかけても，反応が返ってこなくなってきた」。これでは教室に向かう足取りも重くなってしまいますね。

　相談内容では，生徒が受け身になっている様子が窺われますが，実はそうなってしまう授業には共通することがあるようです。それは，教師が授業を「予定調和」で進めようとすると，生徒の興味関心やつまずきに対して，リアルタイムで対応できなくなるということです。

　「教師のヒント」を例に取り上げてみましょう。答えがすでにわかっているようなクイズ，考える時間がほとんどないまま解答が示されるようなクイズ番組はワクワクしません。大事なことは，答えそのものを導くヒントではなく，「自己選択・自己決定」のプロセスや時間を与えることです。

　たとえば，①自分の考えをノートに書く，②ペアやグループでそれについて話し合う，③教師が解答だけを示す，④なぜ，そうなるのかを全体で考えさせる，⑤最後に「なるほど！」という納得を引き出すような解説をする，⑥自分が新しく学んだことや参考になった考え方をノートに書いて振り返る，という流れを考えてみられてはいかがでしょうか。きっと，授業が楽しくなりますよ。

　先ほどの書き方とは，ずいぶんと違う印象を与えます。それは，読者の目線になって書かれているからです。もし，これが授業だとしたら，皆さんなら，どっちの教師の授業を受けてみたいですか。

　書かれた文章には，書いた人の教養，習慣，理念，さらには心で考えていることが表れます。ですから，自分の書いた文章が本当に相手に伝わるものになっているかどうか，不快な気持ちを与える箇所がないかどうかを最後に確認することが大切です。そのためには，書いた文章を一旦，寝かせておき（ほぼ忘れてしまうまで原稿を見ずに），読者の立場になって再度，読み返すという習慣を身につけたいものです。

「書くこと」と「読むこと」はコインの表裏の関係です。書いたものは必ず読み返すからです。それが「推敲」という作業です。書き言葉は，話し言葉と違って文章として残ります。残っていれば，いつでも，どれだけでも推敲できるということです。

この推敲こそが，人としての読解力を高め，問題発見力も高める絶好の機会となるのです。自分の文章の問題点を自分で見つけられるようになれば，やがては自身の授業の問題点にも気づけるようになります。読者目線が身につくと，「こうあるべきだ」という窮屈な考えが消え，「こんな考えもあるのでは」と，柔軟に物事を捉えられるようになります。

1-1-3 なぜ，「書く指導」が大事なのか

今，学校では「書くこと」の指導はどうなっているでしょうか。学習指導要領の改訂（平成29・30・31年）で，教師の関心は一斉に「即興のやり取り」に向かっています。一方で，書く活動は時間がかかること，教師の負担が増えることから，その指導がおざなりになっているようです。

即興でやり取りをする場合，その内容はどうしても稚拙なものになりがちです。望ましいのは，即興でありながらも，内容が深まっていくことです。だとすると，教師から与えられる課題やトピックが，生徒が「やらされる」と感じてしまうものではなく，「自分ごと」として捉えられるものにすることが大事です。それには，伝えたい内容（知識や情報）を，まず母語でしっかりと言えること，それを「英語」という手段を使い，即興の活動と融合させていくというプロセスが必要です。

時を同じくして，GIGAスクール構想から始まったデジタル教科書や1人1台のタブレット端末を使った授業が急増しています。また，プレゼンテーション・ソフト（PowerPoint, Keynote, Preziなど）は板書に要する時間を減らせること，1枚のスライドに多くの情報を入れられることから，多くの教師が一斉に使いはじめました。それによって，生徒が自分の手でメモをとる機会はどんどん減ることになりました。

しかし，テレビと同じで，モニターを消した瞬間，機器が提供していた情報は，記憶とともにスッと頭から消えてしまいます。後から印刷した資料を配っているではないかという意見もあるでしょう。ただ，「自分の手で書く」という作業がなければ，頭には残らないものです。

授業の中で，文章の正しい書き方を学ぶ機会が少なくなればなるほど，真似るモデルもなく，上手に書きたいという思いや自分の書いた文章に対するこだわりも生まれにくくなります。やがて，それは学力格差，学習意欲の差となって現れてきます。

何かを聞いてメモをとる場合，私たちは聞いていることをそのまま書くようなことはしません。自分が何を書き残せばいいかを，瞬時に判断しています。ですから，授業の中で，生徒が板書をそのまま写しているという状況が見られるとしたら，それは本来の脳と"第2の脳"がつながっていない状態と言えます。生徒は，テストのために板書を正確に写そうとします。正確さが優先される場合，理解は二の次になります。

教師がすべきことは次のことです。できるだけ3分程度に絞って要点をまとめて話すようにすること，その間は生徒はペンを持たずに，集中して話を聴くこと，その後，教師はノートをとる時間を2分ほど与えることです。すると，生徒は板書を写すのではなく，理解したことを自分の言葉で一心不乱に書きはじめます。教室に，カタカタという鉛筆を走らせる音だけが小気味よく響きます。書くという行為によって，情報が脳に一気に刷り込まれます。

このように，大事なことを伝えたいときは，「聴く（理解する）→ 書く（整理する）」というプロセスをセットにします。ただ，これを1時間の授業で何回も繰り返していては，集中力が続かなくなります。

よって，教師主導の活動（発問，指導や説明）→ 個人の活動（ノートで思考する）→ 関わりが生まれる活動（ペア，グループでやり取りして，内容を深める）→ 教師主導の活動（一般化する，普遍化する）の流れにするなど，同じ学習形態が続かないようにバランスよくコーディネートすることが肝要です。

▌1-1-4 教師の「書く力」が伸びると，授業はどう変わるのか

教師の「書く力」が高まると，日々の授業はどう変わるのでしょうか。

優れた書き手は，読み手（相手）の立場を意識しながら書きます。自分が提供する文脈を，読み手が理解しやすいように，語彙を選び，さらにはその内容を読み手に楽しんでもらえるように工夫をします。

この「相手目線」の姿勢が，授業に対する考え方も大きく変えます。生徒の英作文を「間違い探し」をしながら読んでいた指導が，生徒の言いたいこと（内なる言葉）に気づき，そのポテンシャルを限りなく高めるという指導に変

わっていきます。

　また，自己表現活動が生徒の「書きたい」という気持ちを高めるということがわかってくると，教師は書く活動を「扇の要」のように，他の技能とリンクさせるようになります。聞いた内容をまとめて書く，読んだことについて書く，話したことを最後に整理して書く，書かれたことを推敲して書き直す，のようにつなげます。そうすれば，「思考・整理」の機会が増え，生徒のメタ認知能力を高めることができるからです。

　ちょうど，手の親指と同じイメージです。親指（書く技能）は，他の指（他の技能）とパッとくっつき，それで力を発揮します。

　即興のやり取りでも，書く力は有効に働きます。即興の活動中に生まれる間違い（error）については，多くの教師はリアルタイムで指導できないと考えがちです。言語活動を途中で止めることはしないからです。しかし，教師がクラスを巡回しながら，気づいたエラーを記録することは可能です。生徒の言語活動が2回か3回終わったところで，教師が積極的に介入します。

　言語活動中，気になった間違い（エラー）をカルテ（座席表）に書き込んでいき，そのいくつか（欲張りすぎないこと）を言語活動の後で伝えて，練習の時間をとるのです。授業の振り返りのときに，「やり取りをしていた時に，言えなかったことを書きなさい」と指示することもできます。書かれた悩みや疑問は，次の時間に教師のアドバイス（言い換えること，ヒントなど）とともに1枚のプリントにまとめて配布してやります。

　retellingの後は，話した内容を落ち着いて整理する（書く）時間をとるようにします。retellingも即興の活動も，やりっぱなしにせず，終わった後に「整理する（自分の言葉で言語化する）」ことが鍵になります。

　「リレー・ノート」（第4，5章参照）を実践している場合，班のメンバー全員がそれを読むので，教師は「気をつけたい間違い一覧」を作り，リレーノートのページに貼ります。こうすると，生徒たちはそれを意識しながら，正しい英文を書こうとするようになります。

　即興の活動では，瞬時の判断が要求されるので，連想力や瞬発力を高める訓練が必要です。逆に，書く活動では，時間をかけて「自分が言いたいことを正確に書けば，相手に伝わりやすい」ことを実感できるようにしてやります。教師の「書く力」が高まると，このように，日々の指導に質的転換が起こるようになります。

　私が現場（中学校）で研究主任をしていたとき，「研究紀要」の書き方を見直しました。それまでは，自分がやった研究授業の指導案とともに自分なりの分析と評価がまとめられていただけでした。冊子になって仕上がってきても，誰も読もうとしませんでした。パラパラとめくって自分のページを確認した後は，そのまま本棚にしまわれていたのです。

　そこで，年度当初に「研究主題」からつなげた「自己研修のテーマ」を申告するという形に変えました。研究紀要には「学習指導案」は載せず，仮説を立て数回の研究授業で「自己研修のテーマ」を検証した結果解明されたことと，自分が見つけた課題を，「読み手」にわかるように見開き2ページの形でまとめました。さらに，仕上がった「研究のまとめの冊子」を読み，誰の原稿がわかりやすかったかを評価し合うようにしました。こうすると，「とりあえず出せばいい」という姿勢だった教師の数が大きく減りました。

　研究紀要が，自分ごと（見開きの2ページ分が自分の編集に任される）になったことで，「やらされている」という気持ちが消え，自分の書いた文章に「こだわり」が生まれるようになり，見出しや小見出しも工夫するようになりました。他の教師が書いた原稿が気になり，お互いに見せ合うようになり，どのように書けば読み手に伝わりやすいかを意識できるようになったからです。

　「わかりやすさ」という視点が身につくと，教師は自ら書籍を読むようになりました。学年だよりや学級だよりの内容や書き方が，「教師のメッセージ中心」から，「生徒の声をどう生かすか」というスタンスに変わりました。さらに出力（学年だよりに書くこと）を想定した授業のシーンや行事で写真に撮っておきたいハイライトシーンなども前もって考えるようになりました。

　今まで，雑談や持ち物検査から授業の導入を行っていた教師たちが，旬のトピックを使ったTeacher Talkや教科書クイズ，ペアでのチャットから始めるようになりました。終わりのチャイムが鳴るまでずっとしゃべっていた教師たちが，最終板書構想図を用意したり，最後の5分で本時のねらいが達成できたかどうかを確かめたりできる活動を用意するようになりました。

　これは，導入で読み手の心をつかみ，終わりで余韻を残すという書き方を意識するようになったからです。書くことが日常化することにより，見通しが持てるようになり，授業デザインも楽しめるようになったのです。「こだわり」を大切にするようになった教師たちは，よいモデルから学ぼうとしまし

た。それは，教育活動（授業，学校行事，部活動など）全体に波及し，生徒たちの取り組みもどんどん高次のレベルになっていきました。

1-1-6 「書く力」は「連想力」を鍛える

学習内容の定着には，最後のゴール（生徒の育った姿）に向けて，今やっていることを関連づけてやることが大切です。そのためには，全体構想はもちろんですが，指導内容も工夫しなければなりません。「つながっていないものは覚えられない」という脳の特性を活かし，指導内容を「A → A′ → A″」のようにリンクさせるようにします。

学習材料を有機的につなげた授業がもたらす効果は，生徒の「連想力」（association）を高めることができるということです。無味乾燥な授業では，生徒はやみくもに暗記をするばかりです。しかし，関連すること，つながることが用意された授業では，生徒はそれらを結びつけて考えるようになります。比較をすることで，パッとひらめき，内容を深める質問やコメントもできるようになります。

会話は，内容に関連する質問ができなければ続いていきません。内容を深めるためには，取り上げたいキーワードから**マッピング***のように広げていくことが必要になります。それが「連想力」です。

たとえば，ペアでやる帯学習として，1つの単語から3つの単語を連想するという活動が可能です。decorate という単語に対して生徒は，Christmas tree, cakes, Halloween などを連想します。warm なら，heater, milk, coat などが出てくるでしょう。出てきた単語を使って，自分でフレーズや文を作ってみます。

On Christmas, you put many beautiful things on Christmas tree. On Halloween, you cut and paint pumpkins and put them in your house.（生徒原文）

これに慣れると，英語でどう表現してよいかわからないときも，似たようなニュアンスを連想し，自分の知っている単語や文法を使って言い換えることができるようになります。

私は，フィンランド訪問（1-2-5参照）以来，マッピングが英語学習だけで

***マッピング**：ウェビングとも言う。「地図作成」「写像」「対応付け」の意味。自分の思考の流れを派生的に視覚化していく方法。フィンランドでは，アヤトゥス・カルタ（Ajatus Kartta）と呼ばれ，学校現場で広く使われている。

なく，自分の思考を広げたり，深めたりする場面で非常に有効であることを痛感しています。日本の教育現場では，マッピングだけでなく，**マンダラート**（大リーグで活躍している大谷翔平選手が高校時代に書いたOW64が有名）のような思考ツールが過小評価されているようです。その原因は，正しい使い方がされていないからです。

たとえば，マッピングの場合，右図をご覧いただくとわかるように，ノード（図の中の単語の書かれた丸，線の結びついているところ）の中は「名詞」です。文や動詞や形容詞はNGです。そのノードから全く違う方向に向かってしまう可能性があるからです。さらに，マッピングをしたらそれで終わりではなく，

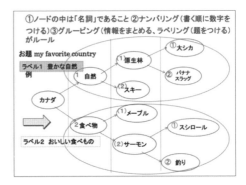

思考ツールを「型」として使えるようにする（マッピング）

グルーピング（大きなまとまりを囲んで，情報を差別化する），ラベリング（そのまとまりに，分類するための「名前」をつける），ナンバリング（書く，話す順を「通し番号」をつけることで整理する）といった一連の作業が不可欠です。

一見，面倒に見えるかもしれませんが，ここまでやると，頭が整理されるので，マッピングシートを見なくても，ほぼ内容が言えるようになります。

インタビュー・マッピングという即興のやり取りの活動（第3章参照）では，ペアの1人が相手にインタビューをし，その答えをマッピングしていきます。こうすると話した内容が記録に残っているので，どこからでも質問をすることが可能です。終わった後には，2人でマッピングシートを見ながら，「ここはもっと広げられたね」「こんな質問ができたかも…」という振り返りをします。そうすると，つなげ方，深掘りをする方法がわかるようになり，次回から発話量がどんどん増えていきます。

大学の教職課程の科目で，マッピングの有効性を感じ取った学生が次のように述べています。

これまでの授業で，何回もマッピングを書いてプレゼンの練習をしてきた。そこで，私はマッピングの重要さを思い知った。マッピングを書く

ことで，今から自分が何を書きたいかを可視化でき，頭の中が整理しやすく，軸がぶれにくくなる。何よりも構成がはっきりとする。一旦，書いたら頭に残るので，もう見ないでも話せる。

　今まで私は，マッピングは時間がかかって無駄だと思っていた。しかし，いざ書く練習をしてみると，書いた方がメリットがたくさんあることに気がついた。実際に，このレポートを書くときにも，マッピングを書いてから本文を書いている。教師になったら，生徒に真っ先にこれを教えたい。

・・

　プレゼン，ディベート，ポスターセッションや思考ツールなどは，全て「スキル」です。スキルを使うかどうかを判断するのは学習者です。しかし，教師がスキルの選択肢をどれだけ与えられて（指導できて）いるかが，学習全体に大きな影響を与えるのです。

1-1-7 Active Learningは「書く活動」で深められる

　巷では，「アクティブ・ラーニング」（Active Learning，以下AL）の意味が誤解され，ペアやグループの活動が急に増えました。「アクティブ」を「アクション」というイメージで捉えられたことが原因のようです。

　「アクティブ」は「能動的」という意味ですが，むしろ「脳働的」（脳が働く）と置き換えた方がしっくりきます。なぜなら，本来のALとは脳が「なぜかを知りたい，これを伝えたい，できるようになりたい，最後まで仕上げたい」と夢中になる状態のことを言うからです。ALとは，学習形態のことではありません。いくらペアやグループの活動にしたとしても，課題がつまらなければ脳は働きません。沈思黙考も集中しているという意味では，立派なアクティブ・ラーニングです。

　注目すべきはActiveではなく，むしろLearnの方です。learnは「自分で獲得する」という意味です。studyとlearnの違いを，英英辞典（*COBUILD*）が次のように説明しています。

study: If you *study*, you spend time learning about a particular subject. If you *study* something, you look at it or consider it carefully.

learn: When you *learn*, you obtain knowledge or a skill through studying or training. If you *learn* something, you study or repeat it so that you can remember or comprehend it（下線は筆者）

　下線部を読むと，studyはlearnに向かう途中のプロセスであり，learnは獲得した状況であることがわかります。learnは，何も見ずに自分の言葉で伝えられる，自分の力でできるようになったということです。

　ですから，ALは，夢中になって学習に取り組むうちに，身につけたい力を自分で獲得できた，または自分の力で目標に到達できた，という学習であることがわかります。

　そして，生徒が英語コミュニケーション能力を本当に身につけて，活用できるようにするのがteachです。study（勉強）はしたが，learn（獲得）できていないという状況にならないようにすること，そしてlearnできたかどうかを，実際に使うことで確かめるのもteachです。

　そう考えると，教師は授業の最後の5分で，生徒が本時の目標に到達できたかどうかを確認できるようなタスクを用意しなければなりません。授業の冒頭で，その目標を伝えておくことも必要です。ゴールを示せば，それに向けて準備を始めるのが人間です。定期テストの内容を伝える時期と同じで，それが早ければ早いほど学習者は「主体的」になります。

　アメリカの教育学者エドガー・デール（Edgar Dale）が唱えた「経験の円錐」（Cone of Experience）は，ALを実感させてくれます。これは，後の「学習ピラミッド」（Learning Pyramid）の原型にもなりました。

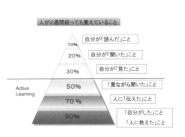

　彼は，人が2週間経っても覚えていることについて，数々のデータから右図のように考えました。主に視聴覚についての内容なので，全てに当てはめることはできませんが，ALの見地から見ると「なるほど，確かにそうだ」という部分が数多く見られます。

経験の円錐

　ALで必要なのは次の3つです。

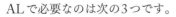

1) 課題に「知りたい，学びたい，伝えたい」という必然性があること
2) 時間を忘れ，夢中になって取り組める学習になっていること
3) メタ認知力（自分を客観視できる力）を高める学習であること

そして，ALを可能にするために，教師が授業の中で心がけたいことが，次の3つの"-ize"（〜化する）です。

> 導入 ：Visualize（脳に，最後のイメージ，具体像を与えること）
> 展開 ：Realize （学習者の気づきを大切にすること）
> まとめ：Organize（学んだことを自分の言葉で言語化すること）

　最初は，ゴール（最後）をvisualizeすることです。辞書（*COBUILD*：以下同）では，visualizeをIf you *visualize* something, you imagine what it is like by forming a mental picture of it.（下線は筆者）と述べています。つまり，ゴールを想像できるようにする，最初にイメージを共有するということです。文章で説明して終わりにするのではなく，具体的な写真や映像，生徒の作品やアンケートの感想などを使って，到達点を視覚化し，明確にしておきます。

　学習を進めるうちに，realizeの段階がやってきます。それは，自ら，よりよくする視点や修正点に気づけるようになる段階です。同じ辞書では，realizeはIf you *realize* that something is true, you become aware of that fact or understand it.（下線は筆者）のように示されています。

　これは，自ら学び取るというニュアンスです。だとすると，教師が，何でも頭から説明していくことを控え，どの部分を生徒に委ね，彼らが自ら学び取れるようにするかを考えておく必要があります。

　最後に必要なのは「出力」の場面です。学校では，わかったつもりで終わってしまうことが多いようです。しかし，本当にわかったかどうかは，実際に言語化してみなければ確かめられません。何も見ないで相手に説明する，わかったことを自分の言葉で書く，理解したことを図やチャートにまとめるという行為です。それがorganizeです。

　辞書では，organizeをIf you *organize* something, you make sure that the necessary arrangements are made.（下線は筆者）と説明しています。この中にある「必要なアレンジ」は，目的，場面や状況を正しく理解していないとできません。

　このような学習プロセスを，教師1人ではなく，学年全体で協力しあって仕組んでいけば，やがてそれが習慣になり，「するのが当たり前」という空気が生まれていきます。

1-2 「読解力・要約力・編集力」は, 授業づくりの「3大栄養素」

1-2-1 「3つの力」は教師の考え方の「根幹」を作る

　私たちの健康な身体を作るのに欠かせないのが, 3大栄養素 (three major nutrients) です。それは, 糖質 (炭水化物), タンパク質, 脂質に分けられます。糖質は, ブドウ糖に分解され, 主にエネルギー源になります。タンパク質は, 主に筋肉や臓器, 血液を作ります。最後の脂質ですが, これは脂肪酸に分解され, エネルギー源として使われます。これらの栄養素のどれが欠けても, 私たちの身体は健康な状態にはなれません。

　授業づくりにも「3大栄養素」が存在します。「**読解力**」「**要約力**」そして「**編集力**」です。いずれも, 教師にとって確かな「栄養」となり, 授業力の土台を作っています。

　これらの「3つの力」によって, 教師の「書く力」はさらに強固なものになります。そして, 書く力が高まると「3つの力」にも波及していきます。つまり, 「書く力」と「3つの力」は, 相互に影響を与え合うのです。ちょうど, それらは新学習指導要領の「知識・技能」と「思考・判断・表現」の関係と似ています。

　イメージを持っていただくために, 具体的な場面をご紹介しましょう。「3つの力」が身についた教師とそうでない教師の違いです。

　　朝の打ち合わせで, A先生とB先生は, 学年主任から「自転車の接触事故が増えています。生徒に注意を促してください」と言われました。

　　A先生は, さっそく, 朝の学活で「危険だから注意しよう」と伝えなければと考えました。生徒は, いつも聞いていることなので, また受け流して聞くかもしれない, だからしっかりと伝えよう, A先生は, そう考えました。

　　一方, B先生は「朝から, そんなことを言っても, 帰りには忘れてしまう。危険なのは帰宅の時だから, 帰りの会で言おう」と考えました。B先生は, 帰りの会で, 「どう?　今まで自転車に乗っていて, 車にぶつかり

そうになった人はいる？（挙手を確認してから）そうだよね。僕も本当にドキッとしたことが何度かあった」と言い，そのときに家族の顔が浮かんだという話をしました。その後，自分の教え子が自転車の接触事故で亡くなった時の話をします。両親や兄弟がお葬式で棺に縋って泣いておられた様子を伝え，「ある日，突然，家族がいなくなるとどうなるだろう。想像してごらん」と言います。クラスがシーンとなり，どの子も神妙に聞いています。教師が，「気をつけなさい」とわざわざ言わなくとも，彼らは，ふと決心をします。担任の話の内容を家族に伝える生徒も出てくるでしょう。

....

　忘れないうちに，すぐに伝えておこう，と考えてしまうのは，本質を捉えていないことが原因です。朝の会で言う必然性も，その効果も考えていないからです。これでは伝言ゲームと同じです。

　B先生は，どう伝えれば伝わりやすいかを真っ先に考えました。そして，最も心に響くタイミングを考えました。朝の会では，生徒の関心は，授業に向かっています。そんな時に一般的な言い方をしても，すぐに忘れてしまいます。それに，自転車の接触事故は，薄暗くなったとき，学校帰りで疲れているときに起こりやすいものです。つまり，帰る直前に伝えた方が効果があります。これが，B先生の「**読解力**」です。

　朝の会，帰りの会は時間が限られています。端的にまとめなければなりません。「事故が多いから気をつけなさい」という言い方は，生徒にとって耳にタコができるほど，何度も聞いていることです。「またか」という受け取り方をします。そこで，どう伝えれば，シンプルで，かつ効果が上がるかを考えます。それが，B先生の「**要約力**」です。

　ダラダラ言わず，かといって淡々と言っては伝わらない。そこでB先生は，生徒が実感できる体験とエピソードを用意します。そして，結論は教師が直接伝えるのではなく，生徒に委ねます。道徳と同じように心に種火として残すのです。これが，B先生の「**編集力**」です。B先生は，授業だけでなく，学校の全ての場面で，より伝わりやすい方法を考え，それを通して生徒とのやり取りを楽しんでいるのです。「3つの力」は，このような伝わり方の差になって，日々現れてきます。

1-2-2 生徒の心を育て，学力を高める「3つの力」

「3つの力」を身につければ，いつでも授業を改善することができます。つまり，「**読解力**」「**要約力**」「**編集力**」が備わっていれば，ワクワクする授業をすることが可能なのです。「3つの力」の関係を図に表すと次のようになります。

心を育て，学力を高める「3つの力」の関係

3つの力には，それぞれ，次のような力が含まれています。

読解力	①関連づける力	・既習事項や経験とつなげて意味づける力
	②理解する力	・複数の物事の関係性を理解し，構造化する力
	③評価する力	・目的を知り，達成したい目標を設定し，取り組みを適切に評価する力
要約力	④整理する力	・無駄なものや重複するものを削減し，ものごとをシンプルにする力
	⑤比較する力	・複数のものを比較し，自分なりに基準を作り，それぞれを意味づけて，区別する力
	⑥類推する力	・必要最小限のことから，他のことを推し量る力
編集力	⑦見通す力	・将来起こりうることを前もって考える力
	⑧段取り力	・生徒の気づきを促す活動の手順を整える力
	⑨活用する力	・ワクワク感が生まれるように組み合わせる力

まず，「**読解力**」ですが，単に文章を読み取るということを言っているのではありません。相手の立場に立って考えられるのも，場の空気が読めるのも

「読解力」と考えられます。教師にとって，生徒を「正しいゴール」に導くために欠かせない大事な要素です。全てにおいて基礎（土台）となります。「読解力」が高まることで，自分自身についての理解も深まります。自分の「軸足」は何かということも考えられるようになります。

本当に大切なことが見えてくると，生徒がより学習に集中できるように，できるだけ伝える内容をスリムにするようになります。理解が深まるように，重複などの無駄な部分を省きます。「ついでに」と欲張ったりしません。定期テストも100点満点にするために問題数を調整するのではなく，目的を持って観点別にバランスよく出題することを考えます。このように，目的を理解し，重複を避け，無駄を削減できるのが「**要約力**」です。

こうして，本質を押さえ，無駄を削ぎ落とし，伝える内容をシンプルにすると，見違えるような授業になります。教師は，生徒が授業でワクワクできるように，「予定調和」ではなく，生徒の考えや思いも取り入れ，柔軟に考えるようになっていきます。それが「**編集力**」です。

編集するためには，記録を残しておかねばなりません。そこで，教師は授業をやりっぱなしにせず，「学習履歴」を残すようにします。授業中も「カルテ」（座席表に書き込むこと。第2章参照）をとることを心がけます。毎時間，座席表に気づいたことを書き込むので，2週間後には学習状況や変容が手に取るようにわかります。

このように，教師は「**読解力**」によって，物事の本質が的確につかみ取れるようになり，「**要約力**」によって，よりわかりやすく伝えられるようになります。そして，最後は「**編集力**」によって，単元全体をストーリーのように組み立てることができるようになります。

★読解力とは何か（第2章で詳しく紹介）

1-2-3 「読解力」は全ての土台となる

カナダ・トロント大学のジム・カミンズ（Jim Cummins）教授は，自身の「**氷山説***」（Iceberg theory）の中で，外国語学習においては母語が**共通基底能力****

***氷山説**：海面に浮かんでいる氷山の一部と海中に沈んでいる氷山の多くの部分の関係を外国語と母語の関係で表した考え。

****共通基底能力**：外国語を使うときに必要になる読解力，表現力などは，全て自分の母語がベースとなっている。よって，自身の母語の能力のレベルを高めることで，それが外国語学習にも波及するという考え。

となっており，母語以上に外国語の力が上回るということはないと言っています。

母語で作文が得意な子どもは，外国語で文章を書くことにも，やはり優れた力を発揮することが多いのはこのためです。

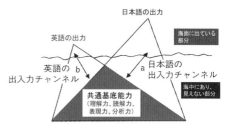

J.カミンズ「氷山説」

さらに，言語同士は相互に関連しており，外国語を学ぶことで母語にも大きな影響があるとされています。十分な量と動機づけがあれば，外国語を学んで伸びた能力は母語にも転移するということです。

様々なところで，外国語という母語とは違うフィルターを通して，積極的になった生徒が増えている，性格が明るくなったという報告がされています。

英語を使用する機会を増やすことは，もちろん大切ですが，日本人として正しく日本語が使えること，そして母語での「読解力」を土台として，理解力，分析力，表現力をより豊かにすることが大切です。母語が全ての土台となります。

弁証法に「量質転化の法則」があります。量が増えれば，それに応じて質も高まるという意味です。ただし，その量は「本気」で取り組んだ回数でなければなりません。他人に読んでもらう文章を数多く書けば，それだけ推敲をしたことにもなるので，自身の読解力も高くなります。授業も同じで，研究授業をした回数の多さは，そのまま授業力として反映されます。

「読解力」を身につけるにはコツがあります。それは，生徒の考えや作品に関心を持ち，それを尊重することです。すると，授業が教師ファーストではなく，**「学習者ファースト」**（第2章参照）になっていきます。

教師は育った姿を明確に意識するようになり，やがて学習指導要領が求めていることを適切に理解し，指導することの優先順位を考えて軽重を図り，指導にメリハリがつけられるようになります。教えることの本質が見えてくるにつれて，問題を発見する能力が高まり，自分の授業の問題点にも気づけるようになるのです。

つまり，生徒のつぶやき，教室の空気などから瞬時に「必要な指導」を感じ取ることができるようになるということです。文章を書いた後，必ず「通し

読み」をして「ロジック」を確かめる習慣が身につくので，生徒の書いた文の
ねじれ，唐突な箇所，単調な部分について適切な指導，多様な案を示せるよ
うになります。

では，教師が日常的に取り組まなければならないことは何でしょうか。それは，**辞書（国語辞典，英和・和英辞典，英英辞典）で確かめる習慣を作る**とい
うことです。それが物事を正しく判断する根拠となります。

特に，英語教師として，英英辞典を活用
することは教師の自己研鑽にもなり，ワク
ワク授業には欠かせません。特にお勧めな
のが，*COBUILD Primary Leaner's Dictio-
nary – For learners using English at school*
（Collins）と『A Beginner's English-En-
glish Dictionary 基本2000語　英英辞典』
（The Japan Times）です。

それらを使い，教師が安易に「意味」を教えず，生徒が文脈で単語の意味を
考え，きちんと辞書指導をするのです。辞書指導によって，さっと（短時間で）
自分で調べられる生徒を育てれば，書く内容（accuracy）もみるみる洗練され
ていきます。

■1-2-4 「読解力」は「メタ認知能力」と「主体性」を高める

読者の皆さんは「**メタ認知能力***」については，すでにご存じだと思います。
「メタ」とは，「間の」「超えて」「高次の」という意味です。つまり，自分の「メ
タ」（高次の自分，客観視できる自分）が，頭の上から自分を冷静に見ているイ
メージです。

日ごろから「もう1人の自分」を存在させ
ることに慣れてくると，目先のことではな
く，冷静に「何があったのか」「なぜそう
思ったのか」「今，何のためにそれをしよう
としているのか」と考えられるようになり
ます。

***メタ認知能力**：自分が認知していること（できていること，できていないこと）を把握し，コント
ロールする力。主体性，問題解決能力の土台となる力。

「メタ認知能力」が身につくと，物事の本質や目的を確認できるようになります。行動をする前に，なぜそうするのか，その方法が本当に適切なのかと考えるようになります。つまり，自分自身を客観視できるようになるということです。自分の現在地を知ることで，ゴールへの見通しも生まれてきます。自己修正や調整ができるので，目指したことができるようになり，自己肯定感が生まれてきます。それが「主体性」（「何のために」という目的を明確にし，自分が何をすべきかを自分で考え，行動できること）につながります。自分目線ではなく，相手目線（共感）ができるようになります。

メタ認知能力が低いと，自己中心的な行動＝場当たり的，感情的で，一貫性のない行動をとってしまいます。思い込みや感情に左右されず，状況を適切に判断できるようになるには，この「メタ認知能力」を高めることが不可欠です。

ゴールを最初に伝え，それがどう達成されたかを最後に振り返ること（自由記述による自己評価と相互評価），適切な評価規準（基準），実際に機能するCAN-DO List，そして細分化されたルーブリックが必要なのはそのためです。教師が作って終わりではなく，「生徒版」のCAN-DO Listやルーブリックを用意し，できているかどうかをきちんと言語化させる指導が必要です。

教師の「主体性」とは，問題を自ら発見し，目的に応じて自身の到達目標を設定し，臨機応変に取り組みを修正しようとする姿勢です。それは，予定調和とは正反対です。読解力が高まると，物事を客観視できるようになり，それにともない，メタ認知能力が向上し，目指したいゴールが明確になります。つまり，教師が自分の授業を通して，学習者たちを「（課題を）自分ごととして捉えられる」→「向上心が高まる」→「主体的に取り組む姿勢ができる」→「自己評価能力・メタ認知能力が身につく」→「自律的学習者となる」ように育てられるということです。教師が仕切る授業，やりっぱなしの授業，教師がやらせたい課題では，このステップが最初から崩壊してしまうことになります。

具体例を挙げます。大学の授業でのプレゼンテーションの場面です。

自身のプレゼンテーションの力を高めるには，良いモデルを見ることも大事ですが，質的変容が起こるのは，録画された自分のプレゼンテーションを見た後です。自分ではできているつもりのことができていないとわかったとき，人は「現在地」を知り，どうなりたいかを強く意識するようになります。

このように，自分自身を客観視できるようになれば，メタ認知能力が高まっていきます。

自身のプレゼンテーションを映像で見た学生がこう言っています。

話している時に私は目線がよく上にいってしまう。私は今まで，聞き手の方を見て話していたつもりだった。しかし，授業中に撮ってもらった動画を無音声で見ると，かなり目線が外れていたように感じた。動画は提出用に撮っていただけではなく，新しい自分の欠点に気づかせてくれた。今まで，他の人の感想だけを頼りにしてきたが，今日は自分で自分の姿が確認できたのでいい機会になった。次から，鏡を見て話をする練習やZoomで録画をして練習をしたい。

このような振り返りは，自分が描く到達目標とカメラに映った実際の姿とのギャップを感じたからこそ気づけたことです。同じことが研究授業でも言えます。自分の授業力を高めたいのであれば，とにかく，自分の授業をビデオに撮り，気がついた部分を随時修正していくことです。明石家さんま氏は，自分が司会をしている番組を全て録画し，視聴者の立場で客観的に見ているという逸話があります。ゲストへの質問，コメント，自分の仕草はどうであったか。自然だったか，違和感や唐突感がなかったか。それを冷静に見て，振り返っているということです。そのような地道な努力が，彼の番組の高い視聴率につながっているのです。

誰でも，ため息が出るようなことは，できるだけしたくないのが正直なところです。しかし，教師は，英語を好きにするきっかけを生徒に与える「エンターテイナー」でなければなりません。まずは，現在地（今の授業）をビデオで「自己診断」することで，それに近づいていけます。

1-2-5 フィンランドの教育が考える「読解力」とは？

私は，2009年にフィンランド（ヘルシンキ）に行き，小・中・高校を訪問する機会を得ました。ご存知のように，世界各国の15歳の子どもを対象に経済協力開発機構（OECD）が実施している国際統一テスト「学習到達度調査（PISA）」では，フィンランドの成績は常に世界の上位に来ています。一体どんな教育をしているのだろうと興味津々でした。

 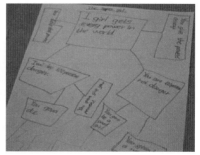

　その中で，特に印象に残ったのがアヤトゥス・カルタ（Ajatus kartta）でした。それは，フィンランド・メソッドであり，国語教科書で主に使われる思考ツールです。フィンランド・メソッドとは，発想力・論理性を高める力・表現力・批判的思考力・コミュニケーション力の5つのメソッドからなり，この基本ツールとして利用されるのが，アヤトゥス・カルタです。

　アヤトゥス・カルタは，1-1-6で紹介したマッピングに似ています。テーマから連想されることを順につなぎながら書いていくところは同じですが，アヤトゥス・カルタの場合は，5W1Hを基本として，階層を考慮しながら，論理的に考えていくのが特徴です。

　次の写真は，小学校1年生の国語の授業の様子です。私が参観したのは「物語を作る」というテーマの授業でした。

　子どもたちは，すでにこのやり方に慣れているようで，上の右の写真のようにアヤトゥス・カルタを使って，スラスラと情報を書き加えていました。授業からは，教師が「子どもを型にはめる」のではなく，「型を自分なりに活用できる子どもの育成」を目指していることが伝わりました。

　ツールはあくまでも「手段」です。ゴールは，自分の考えと根拠を述べ，質問に答えるということです。そして，アヤトゥス・カルタは目標を達成するための「足場」となっているのです。

　フィンランドの授業では，どの教師も「ミクシ？」（Miksi?）と問いかけます。「どうしてそう思うのか？」という意味です。理由や根拠について，教師や仲間から納得いくまで質問攻めにあうのです。日本の教室のように，隣の友だちにこっそりと「答えを聞く」というやり方は，通用しません。突っ込まれて，たじたじになるだけです。

　フィンランドでは，「答え」と「根拠」がセットになって，初めて「正解と認

められる」ということです。自分の理解していることを言語化する，誰にでもわかるように説明する，意味づけるという活動が「当たり前」になると，他者の考えにも深く関心を持つようになります。

さらに，フィンランドの教師が，「ミクシ」（Miksi）同様によく使っているのが，「ペルステッラ」（perustella）という言葉です。それは，根拠を述べる（say or remark with some reasons）という意味です。フィンランドの教科書に書かれている問題の多くがopen-ended questionです。答えが複数出てくるので，授業中に意見が拮抗し，クラスが騒然となります。

「読解教育」には「読む」だけでなく，「書く・話す・聞く」といった技能も含まれています。「読む（入力）」と「書く（出力）」がリンクする活動が常に用意されているということです。

だから，生徒たちは，情報，自分の知識，経験を元に，適切な情報を選択し，中身を分析し，それに基づいて自分の考えを述べます。読んだ内容について聞かれたことに答えるというよりは，自分が読んだものについてまとめる，それに対する考えを書くということが日常的に行われています。

フィンランドでは，読んだ本の内容を，指定された文字数で要約する，自分の意見を書いて発表する，根拠や理由を元に批評し合うなどの統合的な活動を通して，初めて本当の「読解力」が身につくと考えているのです。そして，本書で問題提起している「読解力」の概念は，フィンランドの読解教育における「読解力」の概念とかなり似ていることがわかります。

1-2-6 新しい学習指導要領を「正しく」読み解く

生徒がワクワクする授業に必要なのは，羅針盤となる「レシピ」（recipe）です。レシピには，2つの意味があります。1つは料理などの**「手順書」**であり，もう1つは**「処方箋」**です。

教科書は，そのままでは生キャベツと同じ生の素材（食材）です。それを，餃子，お好み焼き，コロッケ，ロールキャベツやポトフに至る多彩な料理（授業なら教材）に変身させるには教師の腕が必要です。

素材をワクワクする教材に変えるには，どの子も「やってみたい！」と願うような課題，挑戦したくなる発問を用意することです。そのような課題，発問には，様々なバリエーションが必要になります。同じ料理が続くと，人は飽きてしまうからです。そこで，「つけたい力」が羅針盤として明確に示され

ている学習指導要領が授業づくりの「手順書」となるのです。

　ただ，学習指導要領は膨大な量の内容が書かれており，しかも抽象語が多いので，読んでいてもなかなか頭には入ってきません。難解な印象を持ってしまうのは，学習指導要領に書かれているような授業の様子が，自分では想像しにくいからです。

　そこで，まず学習指導要領を学期末，学年末に自分の授業を振り返る「処方箋」として使います。実際に自分で考えて授業をした後なので，具体的な場面と学習指導要領に書かれている目標が頭の中でつながりやすくなっているからです。授業診断をしてみると，「なんだ，そういうことだったのか。しまった。次の学期はそこを修正しよう」「知らなかった。じゃ，来年はこうしてみよう」という気持ちになれます。すると，「処方箋」が，今度は授業改善の「手順書」に変身します。

　文科省の教科調査官，各都道府県の指導主事は，「目的・場面・状況」の大切さと「言語活動を通して全ての活動を行う」という説明を繰り返しています。これをどう捉えればいいのでしょうか。ここでも**「読解力」**が必要になります。

　「目的・場面・状況」とは，「何のため」という目的と「現状」を理解し，「今，何が求められているのか」を自分で判断するということです。「言語活動を通して」ということは，「つけたい力」をゴールとして最初に示し，教師が使ってみせる，聞かせる，不十分でもいいので生徒が実際にやってそれを振り返る場面を作る，できなかったら教師が指導をする，生徒が更新する，そのような指導を展開するという意味です。

　正解だけを追求するのではなく，Trial and Error の"Error"を大切にすること，Do，Learn，Do again，Learn again のスパイラルな指導がポイントになります。教師が教えたことを覚えさせるという指導ではなく，「ああ，こうすればいいんだ」という学習者の気づきが生まれる指導に転換するということが望まれます。

　教師の仕事は"Trial and error is ongoing in life. So let's try again."と生徒を励まし続けることです。大事なのは Challenge ではなく"Try"のスタンスです。*COBUILD*では，2つの違いをこう説明しています。

A *challenge* is something new and difficult which requires great effort and determination.

If you *try* to do something, you want to do it, and you take action which you hope will help you to do it.

CHANCEの2番目のCの中に小さなTを入れると，"CHANGE"（変容）になります。それを実感するのは生徒自身です。

★要約力とは何か（第3章で詳しく紹介）

1-2-7 料理は「足し算」，授業は「引き算」で

授業は料理と似ています。それは，両方ともできあがったものを最初に想定しないと，仕事が進められないということです。また，教師も料理人も，生徒（お客さん）の満足度を優先する仕事であるということです。

では，決定的に違うのはどこでしょう。それは，料理の方は「足し算」しかできないということです。砂糖や塩を入れすぎたからといって，後から抜くことはできません。

少なかったら，少しずつ足していく。それが料理のルールです。料理本のレシピに，細かく砂糖大さじ1杯，塩20g，だし汁が計量カップ150mlという具体的な指示があるのは，誰が作っても「一定の美味しい料理」になるという「ルールブック」だからです。

授業で足し算ばかりしているとどうなるでしょう。あれもやりたい，これもやっておきたい，と教師が欲張ってしまうと，生徒は，授業が楽しいとは思わなくなります。消化不良で，結局何も伝わらなくなります。

そこで，本時で教えることを必要最低限の内容に絞り，不要なものを除いていきます。それが授業を活性化するエキスとなります。授業で大切なことは，教師のくどい説明を減らす，欲張って用意した活動を取り除くといった「引き算」をすることだからです。

そのためには，**「要約力」**（要点を短くまとめる力）を身につけることが不可欠です。「要点」とは，内容を伝えるときに絶対に外せない部分であり，授業でいえば本時のねらいであり，「評価規準」です。

要約と縮約は異なります。縮約とは全体を縮めて簡潔にすることであり，文の意味は変えません。「ざっくり言うと」というイメージです。授業では，自分が用意したことを全て短い時間でやってしまうことです。

一方，要約は，ポイント（重要な箇所，主張されている部分）をおさえて述べるという意味です。「要するに」というイメージです。余計な部分，必要ない

部分，末梢の情報は書かないということです。要約では，主要な部分が残っていれば，全体の流れは問いません。授業での「要約」とは，本時に関係のないことを入れずに，ポイントを絞って教えるということです。

▐ 1-2-8 ▌ 教師の「要約力」とは何ができること？

英語の授業における「ポイント」とは何でしょう。そう聞かれると，いろんな答えが出てきそうですが，授業で配慮すべきことは，英語の語順のまま理解できる力を身につけることです。それができるようになるために，言語形式（発音，文法，語彙）を獲得しています。言語形式の獲得が目的なのではありません。英語教師の「要約力」とは，そのような指導の優先事項を外さないということです。

言語活動はPresentation（入力，習得の活動），Practice（ドリル活動，応用の活動，活用できる活動），そしてProduction（出力，表現や整理の活動）に分かれます。教師の仕事は，どの場面でも，英語のまま理解できるように，自然なインタラクションを心がけることです。私は，授業とは学級づくりであり，授業を通して学級づくりをしていくことが大事であると考え，今まで小，中，大学で授業をしてきました。教科書を先に進めるため，答えを引き出すための「表面的なやり取り」ではなく，指導者と学習者，学習者同士の心と心がつながるような「真のインタラクション」を目指すことが不可欠であると考えているからです。

たとえば，本文の読解であれば，テキストの流れに沿って，所々で生徒とインタラクションをしながら「事実発問」（What, When, Where, Who, How old/many/oftenなど）を使い，文脈の中で考えられるようにします。すると，生徒は英語の語順のまま理解するようになります。

しかし，そこで終わらずに，「推論発問」や「評価発問」のような生徒の思考を誘発する発問を駆使して，授業を進めることができるようになれば，生徒が前のめりになるようなインタラクションが生まれてきます。

たとえば，Do you ...? / Why do you ...? / How do you ...? / In your own words? / So? / You mean? / Right? / What about you? / For instance? / Do you agree or not? / Any other ideas? / Tell me more about it. のようにつなぐ発問をするのです。こうすると，生徒は「コミュニケーションとは何なのか」を考えるようになります。

その時間をとるために「要約」をします。それは，生徒の「負担」を減らすためだけに行うのでなく，焦点を絞って「負荷」を与え，やる気が生まれるようにします。負担と負荷はどう違うのでしょうか。

負担とは，初めての経験をするとき，人にさせられていると感じたとき，突然に言われたとき，量が多くて終わらせるのに十分な時間がとれないときなどに起こります。

一方，負荷は，＋1程度の努力で可能だと判断できたとき（見通しが立ったとき），自分がすでに経験していることをさらに高めるような内容のときに生まれます。教師は，生徒への負担を減らし，「やれそう」と思えるような負荷を適宜与えられるようにするのが仕事です。

要約とは，活動の「目的」に照らし合わせ，「不要なかたまり」を見つけて，思い切って削ることです。「目的」とは，学習指導要領，生徒理解，教科書や教材のねらいなどであり，その本質を自身の「読解力」で正しく理解していないと「要約」はできません。1時間の中で，欲張って活動を詰め込み，それらの内容を薄くして，一通りやろうとするのは要約ではなく，前述した縮約となります。ポイントが薄れてしまいます。

1-2-9 授業で活かす「要約力」とは？

教師が教えられる時間は限られています。あれもこれもと欲張ってしまうと，生徒はまるで味のないスープをどんどん飲まされているような感覚になります。「量」よりも，「質」の面で物足りなさを感じてしまいます。

前節で，英語の語順のまま理解できる力をつけることを優先すると言いました。そのためには機械的に繰り返す指導や目的を認識できないドリル活動やプリント学習を減らし，汎用性が高い内容を取り上げる必要があります。

授業では，出力を急がず，たっぷりと英語を入力してやります。日常的に，文法の説明以外は，できるだけ英語を使いながらリフレーズ（簡単な言い方に言い換える）をするようにします。様々な教材を使い，黙読や音読で「頭から理解していく指導（前に戻らない指導）」を徹底します。そして，既習事項（特に前時の内容）を入れながら，身近に起こった出来事，最新のニュースなどでTeacher Talk（Small Talk）をし，「日本語を介さずにわかる」という実感が生まれるようにします。

ベースとして必要になるのは，正しい英語の音を理解し，強弱による音の

連結や消失の部分も理解できるようにしておくことです。

音声指導では，発音記号通りの読み方（正しい舌の位置，歯の当て方）を指導し，強く長く読む単語（**内容語***）を教えます。これによって，どの生徒も英語らしい読み方ができるようになります。それは，英語が聞き取れるようになる（自分が読めないものは聞き取れない）ということです。

読む活動では，黙読，多読（ネットからダウンロードした情報をネイティブに書き換えてもらったもの，採択されていない他の教科書など），そして時間内で一定の長さの読み物を読み，その後TFクイズや日本語で要約させる活動を系統的に行います。

教科書の音読は，朗読，そして演読（1-4-4参照）をゴールとします。音読とは正しく読むことだ，という誤った認識をされている方が多いようです。それは，ご自分が中学校，高校でそのように習ったからです。しかし，それはただの「練習」であり，本来の音読（自分が理解したことを，相手に音声を使って伝える）ではありません。どこをどう読むかを考えさせるのが教師の指導です。間をとらなければならない場所はどこか，長くゆっくりと読む単語はどれか，それはなぜかを考えるのが音読指導です。

「要約力」により，このように，コミュニケーションに不可欠な「英語力」を獲得する学習が「特化」（精選）できるようになります。

1-2-10 「要約力」をつけたいなら「制限」を加えるべし

授業で「自由に書いていいよ」という教師の指示を耳にすることがあります。一見，生徒にとって取り組みやすそうに見えます。しかし，これはワイドショーなどで，「お昼ご飯はなんでもいい，と家族に言われるのが一番困る」と主婦の方たちが嘆くのと同じ状況を作っています。

「何」を書いていいかわからない生徒たちは，鉛筆を持ったまま，まっさらのページとずっとにらめっこをしています。コンセプト・マッピングで最初に構想を練るにしても，「どんな内容で，どんな表現方法を使って」というイメージを元に青写真が描けないと，学習者は途方に暮れてしまうものです。

教師が知っておかなければならないのは，「50語（200字）で書きなさい」の

***内容語**：英単語は，内容語と機能語に分かれ，内容語だけを強く長く読む。内容語とは，名詞，形容詞，副詞，一般動詞（基本的にbe動詞は強く読まない），疑問詞，指示代名詞，notのこと。どれもが「意味」を持っており，聞いたときに脳でイメージできるからである。

ように語(字)数制限をした方が，逆に表現力は高まるということです。

新聞のコラムニスト，エッセイストたちは，常に言葉と格闘しています。指定字数があるからです。その中で端的にまとめるためには，文脈に必要な情報とそうでない情報を分ける力が必要です。さらには，自分の使う語彙が豊かでないと，読者を魅了することはできません。

それは50分の授業も同じです。「**要約力**」がないと，50分の中に脈略のない活動を入れ込んで，チャイムが鳴るまで進めるだけ進むという授業になってしまいます。

教師が，自身の「**要約力**」を高めていくためには，自分の書いた文章を半分の字数に要約してみることから始めます。まずは，削れるもの，無駄なもの，重複している部分を見つけなければなりません。すると，逆に本質(外せない言葉)が捉えられるようになります。さらに，字数の微調整から言葉の言い換え，文章の並べ替えも考えられるようになります。これは，そのまま，授業デザインにも当てはまります。無駄な部分，欲張っている部分はないかと考えられるようになっていきます。

こうして，「要約」により生まれた時間を生徒にどう任せるか，関わり合う時間や活動をどうコーディネートするかを考えるのが「**編集力**」となります。

★編集力とは何か (第4章で詳しく紹介)

1-2-11 「編集力」があると，授業はこんなにワクワクする

「編集」とは，「一定の方針の下に，いろいろな材料を集めて何かを作る仕事」のことを言います。複数のものを1つにまとめるという意味でも使われます。編集長，編著者，編曲者などは，1つのものを作るのに，テーマ(方向性)に基づいてアレンジ(arrange)をします。

arrangeは，*COBUILD*で次のように定義されています。

If you *arrange* things somewhere, you place them in a particular position, usually in order to make them look attractive.(下線は筆者)

授業であれば，教師が「生徒が身につけるべき力」が確実につく授業を企画し，様々な素材(教材)を収集し，それを取捨選択(整理)し，生徒にとって魅力的な単元構成をするプロセスと言えます。

教師の「読解力」「要約力」が育っていないと，「編集力」にも多大な影響を与えてしまいます。たとえば，事前に作ったプリントやスライドを「せっか

く作ったのだから全部使おう」と思ってしまいます。自分目線になった途端，何が目的なのか，優先順位は何なのかが消えてしまうのです。

では，「**編集力**」（生徒がワクワクする授業をアレンジする力）が活かされた授業とはどのようなものでしょうか。順に見ていきましょう。

事例1【ネット記事を使った授業の導入編】

A先生の授業の導入です。

　南極地域観測隊で，篠原洋一という方が越冬調理隊として働いていました。彼は，必ず，隊員に「来週は，何食べたい？」と尋ねました。南極のような閉鎖的な空間では，献立がすでに決められていると，隊員のストレスが溜まってしまうからだ<u>そうです</u>。篠原氏は，隊員たちが自ら育てた野菜も使って料理を<u>したそうです</u>。隊員たちは，なぜ誰からの指示でもなく，自ら野菜を作ったのでしょうか。（下線は筆者）

　この後，A先生はすぐに生徒をグループに分け，自分が考えたことを話し合わせました。教室の空気はどんよりとしていました。A先生の学級だよりは文字量が多く，自分のメッセージが中心になっていました。

　一方，B先生の導入はこうでした。

　篠原洋一さんは，南極地域観測隊の調理員でした。<u>不思議なことに，彼は，隊員の食事のメニューを考えませんでした。代わりに，彼は「来週は何を食べたい？」と隊員たち一人ひとりに尋ねていました。</u>

　<u>どうしてでしょう。</u>（間をとってクラスを見渡す）

　それは，南極のような閉鎖的な空間では，メニューや毎日することがすでに決められていると，自分で考えることがなくなり，ストレスが溜まってしまうからです。彼は，食べたいものを隊員に決めてもらうことで，観測隊の食事メニュー作りに参画してもらうと同時に，<u>働く意欲にもつなげていたのです。自分たちの食べたいものが食べられる。こんなワクワクすることはありません。いつしか，隊員たちは，自分たちで野菜も育てるようになっていました。</u>（下線は筆者）

　B先生の指示は次のとおりです。「この話から何がわかりましたか。ノート

に自分の考えを書いてみましょう。また，どうしてそう考えたのかという根拠も考えましょう。後でグループになり，自分たちの考えたことを紹介し，評価し合いましょう。ただし，発表するときはノートを見ることはできません」。

黙々とペンを走らせていた生徒たちは，グループになると，熱心に討論し合い，互いの考えを傾聴しあっていました。A先生とB先生の下線部を比較してみると，聞き手の学習への飢餓感（必要感）を生み出す工夫が読み取れます。このような「編集力」が，今教師に求められています。

事例2 【5年生算数編（平行四辺形の面積）】

C先生は，平行四辺形の面積を求める授業の導入で，黒板に平行四辺形の図を大きく描き，面積の求め方を説明していました。底辺，高さの数値を示し，さらには補助線を引いて平行四辺形を三角形と四角形に分けました。そして，前の時間に学んだ三角形の面積の求め方を使って，平行四辺形の面積を求めなさい，と指示をしました。

隣のクラスのD先生は，黒板に大きく平行四辺形を描きました。子どもたちに平行四辺形を描いたプリントを渡し，「今まで習ったことを使って，この形の面積を求めてごらん。数字が知りたかったら，教えてあげるから，その理由を言ってね」と言いました。

やがて，数人の子が「あっ，わかった！」と言いました。平行四辺形を三角形と四角形に分ければいいことに気づいたのです。一斉に先生のところに行き，ヒソヒソと囁きます。「正解！」D先生はニコニコしながら，底辺と高さの数値を教えました。それを見た他の子どもたちは，負けたくないと必死に考えていました。2つのクラスの空気はまるで違っていました。

前者は「応用」であり，後者は「活用」です。「活用」とは，新しい局面で，自分の力で既習事項を組み合わせられるということです。英語も，学んだことを自分でどう組み合わせるかを考えるようにすればよいのです。

事例3 【英語のテスト編】（第2章担当の宮崎氏の実践）

次の指示は，定期テストの設問です。EとFを比べてください。

E：「あなたは，この夏にアメリカでホームステイをすることになりました。どんな日本のお土産を持って行きますか。また，その理由は何ですか？3文で書きなさい」

F：「あなたは，この夏にアメリカでホームステイをすることになりました。

ホスト・ファミリーは，日本人を受け入れるのは今回で5回目です。日本料理も自分たちで作ります。では，あなたはホストファミリーに対してどんなことをしますか。50語程度で説明しなさい」

Eの方は，どの生徒も同じような内容のことを書いていました。しかし，Fの方では「自分は習字道具と色紙を持っていき，ホストファミリーの名前を漢字で書いてプレゼントをしてくる」とか「美味しい日本の家庭料理を作って，そのレシピを渡してきたい」というような個性的な答えが続出したそうです。下線部のような「負荷」をどう与えればよいかを考えるのが教師の「編集力」です。

事例4 【楽しくて力のつくe-learning】

G先生は，国語の同僚とコラボをしています。国語の授業で習った俳句，短歌，和歌を英訳するという課題を与えています。さらには日本の歌の歌詞の中から，自分でフレーズを選んで自分なりに英訳をするという課題も与えます。彼の編集力は一味違います。次のようにするのです。

生徒は，無料翻訳ソフトの"DeepL"（ネイティブも驚くほど正確な英語訳をするソフト）に日本語を入れ，出てきた英語訳と自分が考えた英語訳とを比べます。ノートには次のように書きます。まず，自分の最初の英語訳を書く。次にDeepLの英語訳を書き写す。そして，自分の最終決定した英語訳を書き，コメントとして英訳の方法でわかったことを書く。このようにすると，だんだん生徒の言語感覚が磨かれていきます。答え（正しい英文）だけを求めてしまうと，このプロセスが抜けてしまいます。

Chat GPT（人間が書いたような自然なテキストを生成できる人工知能チャットボット）についても同じことが言えます。大切なのは問いの内容です。Chat GPTばかり利用してしまうと，「探究活動」の「探究」の部分が抜けてしまうことも注意しておかなければなりません。また，AIは「知能」であり，「心」は持っていません。これからの世の中は，人間の持つ非認知能力（「思いやり」「協調性」「自尊心」など）がさらに重要になります。ツールは，確かに私たちの生活を便利にしてくれますが，最後は人間の道徳心や常識（common sense）が要になるように思います。

事例5 【「事実発問」で英語の語順のまま理解する指導】

H先生は，授業の中で「**事実発問***」を使うことが多く，それによって授業の流れがプツンと切れたように感じることに悩んでいました。しかし，ある

とき，生徒にとったアンケートで「ワクワクするのは答えが1つではない課題に取り組んでいるとき」という項目を選んだ生徒が圧倒的に多かったという事実にハッとしました。

事実発問は，確かに本文の内容を確かめる時には有効ですが，内容が「ばら売り」のようになってしまうのが難点でした。ある日，H先生が，夜，自分の娘さんに絵本の読み聞かせをしていたとき，目を輝かせながら，「ね，早く，次を聞かせて」とせがむ様子に，「もしかして……」と考えることがありました。それは，教科書のパラグラフごとに事実発問を用意し，それらをつなげて紙芝居のようなストーリーにするというやり方でした。

H先生は，テキストの流れに沿って，5W1Hのキーワードを取り上げ，生徒たちに聞いていきます。いきなり疑問詞で聞くと，答えはわかっていても，英文に自信がないからと，つい言い淀んでしまう生徒が出てきます。

そこで，H先生はMary wanted to know something. What was that?とかMary wanted to know what?と聞くようにしたところ，途端に生徒たちの声が大きくなりました。テキストの内容が，英語のまま理解できたので，生徒たちは「日本語訳が欲しい」とは言わなくなりました。

今まで訳していた時間を，H先生は「**推論発問**」や「**評価発問**」に割り当ててみました。するとどうでしょう。クラスの雰囲気がガラリと変わったのです。生徒の表情が明るくなり，積極的に英語を話すようになりました。「こういうことだったのか」。H先生はアンケートに書かれていた「答えが1つではない」の意味がようやくわかりました。

ご紹介した5つの事例から何が見えてくるでしょうか。それは「教え込む授業」と「自分ごとにする授業」の違いです。読者の皆さんが，心を動かされたのは，後者の方ではなかったでしょうか。

授業は，「どう教えるか」（心が通わない指導法）ではなく，「学習者をどう夢

---

*事実発問<3種類の発問：
①事実発問：本文中に書かれている情報について直接尋ねる発問で主にwhat, when, whoなどで問いかける。
②推論発問：直接本文には示されていない内容を行間や読者の背景知識などから推測させる発問でwhy, how, Do/Does ..?などを使って問う。
③評価発問：本文から得た情報に対する読み手の考えや態度を表明させる発問(Imagine ... Would you like to ...?など)。
推論発問や評価発問では，生徒から異なった解釈や考え方が生まれやすい。それは，内発的動機づけや個々の読解力を高めること，協働学習などにつながりやすい。

中にできるか」（学習者の心理）が勝負です。「**編集力**」が身についてくると，多種多様なアレンジができるようになります。それに伴い，「ここだ！」という瞬間を見逃さなくなります。つまり，とっさの判断やひらめきに長けてくるのです。さらに「素材の選択，素材の組み合わせ，素材を活かした発問や課題」にするアレンジを心から楽しめます。静かな水面に石を投げると波紋が広がるように，あなたはinfluencerとしてクラスの生徒にどんどん良い影響を与えていけるのです。

1-2-12 稲岡章代先生から学ぶ「究極」の「編集力」

　稲岡章代氏は，授業名人として全国で名の通った方でした。彼女の突然の訃報に，どれだけ多くの英語教師が嘆き悲しんだかわかりません。

　彼女は，人気漫画のキャラや有名人の写真を取り出して文法の導入をするといった指導はしませんでした。授業の始まりを，生徒の日常生活，部活動，前の授業（たとえば，体育の水泳の授業の後）などから話題を作り，その日の言語材料の導入につなげました。生徒たちにとっては身近なこと，自分ごとだったので，どの子も真剣に耳を傾けていました。彼女は，順番に代表の生徒と黒板の前で即興のやり取りをし，その後，クラス全体をペアにして「わかったことを英語でレポートする活動」を仕組んでいました。

　彼女の真骨頂は書く指導でした。授業の中で「書く手順」を指導した上で，家での課題（内容のあることを書く）につなげていました。

　生徒が書く活動の大切さを実感していたので，30年近く，話す活動の後で，まとめに書く活動を取り入れていました。十分に友だちとやり取りをした後で，書く活動をするので，生徒の書いた自己表現は，どれも個性的な内容で眼を見張るものになっていました。

　生徒の自己表現ノートは，1人で年に数冊にも及んでいました。3年生の自己表現ノートを見ると，どの生徒もノートに絵を描き，写真を貼り，2ページ（100語以上）にも渡って生き生きと表現していました。

　単発な活動，独立技能を獲得するための活動ではないので，生徒は，目的を理解し，表現の内容を深めていきます。彼女の「編

（写真協力：賢明女子学院中学校・高等学校）

集力」は，その多くが活動と活動をリンクさせる場面で活かされていました。だからこそ，全国から授業を見に来た参観者たちは，生徒たちの育った姿に圧倒されたのです。

　彼女のような授業の「編集名人」は，授業の流れを考えるとき，生徒の「表情」や「つぶやき」をイメージしながら発問を考え，言語活動を仕組むことができます。「生徒ファースト」が土台にあるからです。

　稲岡先生の実践について書かれた冊子があります。長年に渡り，稲岡先生の薫陶を受けてこられた姫路市の有志の方々が，1人でも多くの先生に稲岡先生のDNA（ご遺志）を伝えたいと考えられ，浜島直哉氏（元・浜島書店）の協力を得て，手弁当で集まって編纂されたものです。

　関心のある方は，次のURL（https://forms.gle/M7GZLgt9oDgEWXeb9）にアクセスしてください。きっと，彼女の授業の緻密さに驚かれることでしょう。しかし，それこそが，稲岡先生の「究極」の「編集力」に支えられた授業なのです。

教師の「書く文章」と「毎日の授業」を
変身させるために

1-3-1 教師の書いた文章は「授業」を映し出す鏡なり

　どんな授業をしているかは，その人が書いた文章を見れば，だいたいわかります。最初の3行をどう書きはじめているか，最後の1文をどう終わるかという思考は習慣化されているからです。ですから，書かれた文章で，日頃の授業のパターンもわかってしまうのです。一例をご紹介します。まずは，A先生が書いたエッセイをお読みください。

. . . .

　世の中には，失くすと困るものがいくつかある。財布，家の鍵，携帯電話などがそうだ。例に漏れず，筆者は多くのものを失くしてきた。そのたびに，冷や汗をかいたことをよく覚えている。しかし，今回ばかりは冷や汗どころではなかった。失くしたのは結婚指輪である。それに気づいてから3日間，血眼になって探し続けた。仕方なく，指輪を買った宝石店に電話をした。最後の手段である。手が震えていた。誰にも相談できない。日常から色が消えたようだった。そんな日々が続いた。

　そんなある日，見つかったのだ。車のシートの奥の奥からである。安堵でため息と一緒に瞳を閉じた。数日後，もう1つのそれは送られてきた。それは，そのまま押し入れにひっそりと眠っている。捨てたくても捨てられない。「高価なもの」だからだ。見せたくても見せられない。なかったものだから。これからもずっとなかったものでいてほしい。

. . . .

　どうでしょう。内容は伝わります。しかし，淡々と語られているので，読者が「なぜ？」と思考することはなく，「先を知りたい」と思うようなものではないようです。では，同じ内容で，B先生が書いたエッセイをお読みください。

. . . .

　「えっ？　嘘！　ない……。ないぞ」
　世の中，失くすと困るものがいくつかある。財布，家の鍵，携帯電話…。

これまで，いろんなものを失くしてきた。そのたびに，冷や汗をかいた。
だが，さすがに，今度ばかりはまずかった。

失くしたとわかってから3日間，血眼になって探し続けた。
「ない，やっぱり……ない！」
放心状態になった。

そして，ハッと思い立ち，周りを見回してから，そっと電話をした。
受話器を持つ手が震えた。
しばらくは，色が消えたような日々が続いた。

ある日，偶然，それが出てきた。
見つかったのは，車のシートの隅。
「あった！　よかったぁ」
ほっとした途端に，目頭から熱いものがこぼれ落ちた。

後日，電話で注文したものが届いた。
「しまった，そうだった……」
何食わぬ顔をして，そっとそれを押し入れの奥に隠した。

さすがに，これは捨てられない。
妻には口が裂けても言えない，「結婚指輪が2つある」なんて。

・・

　いかがでしょう。B先生が書いたものは，最初の導入で，読み手を釘付けにし，最後はオチで終わっています。「ああ，そういうことか」と見事なまでに読み手を引き込んでいます。最初の文は，授業で言えば，教師の「発問」にあたります。そして，「気づき」は教師が説明するものではなく，生徒自身が得るものです。

　注目したいのは，空白行の使い方です。空白行は，大切な場面転換の箇所であり，読み手に「息継ぎ」と「思考の時間」を与えています。それが用意されていることから，日頃から教師の説明や指示の中で，生徒の思考に必要な「間」をとっていることが想像できます。空白行を作る，文を時系列のかたま

りで縦に並べるだけで，まるで違う作品になったように感じます。

　2人の文章構成を比べてみると，それぞれ日頃の授業が想像できます。A先生は，どちらかというと教師が順に説明をしていく予定調和の授業を展開していると思われます。一方で，B先生は，日頃からワクワクする課題や謎解きで生徒を引きつけ，途中で揺さぶり，最後にどんでん返しをするような授業を心がけているに違いありません。B先生のクラスでは，「え～っ!?」という生徒たちの明るく元気な声が聞こえてきそうです。

　このような文章のセンスや授業デザインのセンスは，自分が書いた文章や学習指導案を何度も推敲することによって磨かれていきます。このセンスについては，後ほど第5章で詳しく取り上げますが，教師が「3つの力（読解力・要約力・編集力）」を身につけると，B先生の書いたエッセイのように，文章の質がみるみる洗練されていくのです。

1-3-2 「ワクワク感」を消失させる「導管メタファー」とは？

　皆さんは，授業をしていて「あれ？　この子たち，わかっていないのかもしれない……」と途中で焦った経験はありませんか。

　私は，初任のとき，50分間のほとんどを，プリントを使って丁寧に説明をしていました。中間テストを採点する前は，「あれだけ時間をかけて説明したんだから，大丈夫。できているはず」と思っていました。しかし，どの生徒もまるでできていないのです。「なぜ？」と顔をしかめてみても，もう後の祭り。熱心に指導すればするほど，教師の「わかっているはず」という思いが増していくだけでした。

　それどころか，私がしゃべればしゃべるほど，生徒の表情に気づけなくなっていきました。生徒に注意をする場合も同じでした。生徒が，今，注意したばかりのミスをしてしまうことがよくありました。私はそのとき「**導管メタファー***」に陥っていたのです。恐ろしいことに，このような考えは日々の授業にも現れてしまいます。一斉指導が当たり前，たくさんのスライドや短冊を用意する，デジタル教科書やプリントに頼りがちになる授業がそうです。

***導管メタファー**：情報を有形のモノとして捉え，情報の送り手と受け手の間に見えないパイプのような流通経路があり，そこにポンと情報を投げ込めば，そのまま相手に内容が伝わると考えてしまうコミュニケーション観のこと。

右の図を比べてみてください。メラビアンの法則（3Vの法則）についてスライドで説明しているものですが，上の方のスライドは文字情報だけで伝わると考えている，つまり導管メタファーの考えで説明されています。

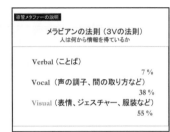

一方，下のスライドは相手が理解しやすいようにイラストやグラフを使っています。

コミュニケーションは，「情報」を相手に送って終わりではありません。理解し合うためには，「文脈」と「場面」を何よりも大切にし，相手の心的な影響や行動の変容に

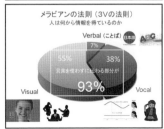

まで気を配ることが必要なのです。そして，何より，相手に伝わっているかどうかは，相手に「言語化」させてみることでしか確かめられません。教師が一方的に話をするのではなく，適宜，ペアで確認をしたり，生徒が互いに理解度を確認したりする「対話」が不可欠なのです。

「導管メタファー」ではなく，相手目線で対応できるようになると，「**読解力**」で本質（ゴール）を知り，「**要約力**」で無駄（教師の強い思い込み）を削り，そして「**編集力**」で学習者が授業で身を乗り出してくるような「さじ加減」ができるようになります。

1-3-3 「書くこと」で長文読解の力やリスニング力がアップ

書くことによって，言葉に関心が高まると，辞書を引く機会が増えていきます。語彙が増えるにつれて，ありきたりのIt's interesting. I was surprised. のような「常套句」では物足りなくなります。教師だけでなく，生徒も同じです。そこで，教師は，リフレーズ（rephrase：他の簡単な言葉で言い換えること）を行うことで，英語の語順のまま理解する指導ができないかと考えるようになります。

リフレーズの指導は，まず，日本語での体験から始めます。難しい日本語を，他の易しい日本語で言い換えてみるのです。これが習慣になると，生徒は和英辞典に頼って直訳するのではなく，「わかりやすさ」や「伝わり方」を

意識するようになります。

　たとえば，「口うるさい」なら「何度も繰り返して言う」のように言い換えたり，「仲違いする」なら「言い合いをする」とか「仲良しではなくなる」と言い換えたりできるようになります。

　It is natural for ... that ～（～するのは当然である）という構文を使いたいときにnaturalが出てこない生徒には，「誰でも～する」と置き換えてEveryone will ... とすることができることも教えます。

　ある小学校の授業で，恐竜（dinosaur）を a long long ago animal と説明した子どもがいました。そのとき，クラス中が「あ，わかる」と歓声をあげました。さらに，ブラックボックスの中の絵（果物）が何かを当てる活動をしていたときに，ヒントを与える担当の児童がドラゴンフルーツの絵を見て次のように言いました。"Outside brown, inside white. It's egg shape."そして，ALTに向かって"How do you say "toge-toge"？と尋ねました。

　このように，教科書の受容語彙を自分たちが知っている簡単な発信語彙を使って文脈の中で説明するという活動も仕組むことができます。中3の内容を中2レベルの英語で，高3の内容を高1または高2レベルの英語で説明（ダウンサイズ・サマリー）させることも可能です。ALTとのTTでは，「アハ体験*」となる表現方法（たとえば，「彼はくどい」なら He's a broken record.）をたっぷり教えることができます。

　このように，教師が身につけた「3つの力」は，トータルな力として，相互作用します。授業の中では，生徒が組み合わせる，比較する，例示する，言い換える，推測する，創造するなど，多彩な活動が仕組めるようになります。

▍1-3-4 「研究授業」は自分の授業の「健康診断」

　誰かの授業を見たとき，すぐに問題点を察知できる人は，本質を捉え，どう改善すればいいかを考えることができます。それは，根底に「読解力」があるからです。一方，授業の表面的な感想しか述べられない場合，「読解力」はまだまだ未熟な状態です。教師自身の資質や能力に問題があるわけではありません。教師になりたての頃は，どの人も同じラインに立っていたはずです。しかし，その後の日々の授業や生徒の対応などを積み重ねる中で，どれだけ

***アハ体験**：Aha! は「なるほど！」「へぇ～！」という感動詞。何かのきっかけで，これまで理解できなかったことが突然理解できたり，ひらめきが生まれたりする体験のこと。

自分が本気になって考えたかどうかで，そのような差がついてしまったと言えます。

人は，自分の力以上のことは気づけません。話を聞いていてメモがとれない，本を読んでいても付箋紙が貼れないという場合，どこがポイントかわからないということです。問題が発見できない場合，現状を改善することはかなり困難です。

もし，読者の皆さんが，生徒たちのために，ご自身の授業を改善したいと本気で考えられるのであれば，ご自分の授業を定期的に振り返ることをお勧めします。人に，自分の授業を見てもらうことです。

ピアノが上手になるには，練習の時間そのものよりも，発表会や演奏会にエントリーすることだと言われています。「人前でやる」ことが，最大のモチベーションになり，必死に練習をするからです。授業も同じです。人に見せるからこそ，授業が上手になるのです。

そこで，自分の授業の「健康診断」として研究授業が役に立ちます。年に1度，健康診断と同じように，誰かに授業を見てもらうことで，成長できているところ，停滞しているところを「客観視」できるようになります。

人に見せる授業では，筋が通っているかどうかが最も重要なことです。参観者からは，指導者の理念や指導の根拠について聞かれるからです。自分がやっていることを，年間指導計画とともに意味づけなければなりません。理念のない授業は根なし草と同じです。

「3つの力」を身につけていく中で，よい授業ができるようになります。積極的に授業公開をすること，自分の授業を録画して見直すことで，授業がどんどん進化していきます。

1-3-5 「3つの力」を活かして，英語の指導観を変える

「読解力」「要約力」「編集力」という3つの力は，生徒の脳を「英語脳」（英語のまま理解し，英語で考える脳）に近づけるための様々な仕掛けを容易にしてくれます。

読んですぐにわかる文章を書くためには，結論を先に書く，余計な修飾語をできるだけ使わないという配慮が必要です。

読者の皆さんは，自分が書いた文章を後で音読する習慣はお持ちでしょうか。音読をしてみると，改行されているか，読点の有無が，音読のリズム（歯

切れのよさ)に大きな影響を与えていることがわかります。読点の位置が正しくないと,読み手はそこでつっかかってしまいます。

　たとえば,「すもももももももものうち」は,パッと見ると何のことかわかりません。しかし,「すももも,ももも,もものうち」のように読点を入れると,とたんにわかりやすくなります。

　「兄は自転車に乗って去っていく弟を追いかけた」という文章は,自転車に乗っているのが,兄なのか弟なのかわかりません。そこで,読点を打ってみます。「兄は,自転車に乗って去っていく弟を追いかけた」「兄は自転車に乗って,去っていく弟を追いかけた」。こうすると,はっきりわかります。

　英語の理解も同じように音読が有効です。次の英文をご覧ください。

On July 12, 2013, Malala Yousafzai, a Pakistani schoolgirl, spoke at the United Nations for the rights of children's education in the world. All the people listening to her speech were deeply moved by her words.

（*Sunshine English Course* 3, 2021, 開隆堂出版）

　英語が苦手な生徒たちは,これを見ただけで顔をしかめます。しかし,読点のように,スラッシュで切ってチャンク（chunk：意味のある塊,sense group とも言う）を作ります。英語のチャンクには「名詞・動詞・副詞」の3種類があります。

On July 12, 2013, / Malala Yousafzai, a Pakistani schoolgirl / spoke at the United Nations / for the rights of children's education / in the world. // All the people listening to her speech / were deeply moved / by her words.

　このようにすれば,まとまりを意識できるようになります。さらに,テキストを音読するときは,これらのチャンクの部分を切らずにまとめて読み,スラッシュのところで0.5秒ほど間を取ります。

　ペアで練習をするときは1人がスラッシュまでを読みます。相手は,テキストを見ないで,その部分を「同時通訳」するかのように,間髪を入れず日本語に訳していきます。英3秒（日3秒）英3秒（日3秒）といった間合いで,高速で「餅つき」をしていきます。この練習をすると,英文をそのまま頭から理解する「習慣」が身につきます。

　英語学習では,「音読」がその習慣を定着させるのに最も有効です。なぜなら,音読は途中で戻ることがないからです。音読をしているときに,脳は自分が読んでいる声を聞いて,そのほんの一瞬の時間差のうちに,内容を反復

しながら理解しています。

　ダラダラと読むのではなく，意味のあるかたまりを意識しながら，その部分を一気に読むことがポイントです。動詞チャンクは，日本語の述語に当たります。isだけではなくis important，is going to visitまでが該当します。これらのチャンクを切らずに読む練習をするのです。

　本文の意味も知らされずに，ただオウムのように教師の後から繰り返す指導では，このような習慣はいつまで経っても身につきません。少しでも早く本文の意味を理解し，その後に音読の時間をたっぷりとることで，音読と読解が自然にシンクロするようになります。

1-4 「3つの力」で, こんなに「ワクワク」する授業ができる!

1-4-1 伏線回収・アハ体験・推論発問・ツァイガルニク効果

　では, 第1章のまとめとして, 生徒も教師もワクワクする授業のイメージをご一緒に共有していきましょう。「3つの力」が身についていると, 教師の好奇心が旺盛になり, 遊び心で満ち溢れます。

　生徒の中には, 「先生, なぜ同じ綴りなのにisはイズで, thisはイスのように読み方が違うんですか?」とか「先生, なぜ, numberの中にはoがないのにNo.になるの?」と聞いてくる生徒がいます。それに対して「英語ではそうなってるんだよ。そんなことより単語を1つでも多く覚えてね」という指導をしていると, やがて生徒はそのような「不思議なこと」に興味(好奇心)を持たなくなってしまいます。

　脳がワクワクするには, 教師が生徒の気づきを拾い, 授業の中で彼らが「ハッ」と気づけるような場面を演出することが必要です。

　つまり, 授業で「**伏線回収**＊」(foreshadowing recovery)を心がけるようにするのです。「3つの力」が身についた教師は, 指導すべき内容や情報の中から「本質的な部分」を取り出すことができます。彼らは, 新出単語を宿題で調べてこさせるようなことはしません。

　たとえば, 単語に関心が持てるようにアハ体験につなげて, クイズのように問いかけます。あくまでも生徒の気づきが生まれるようにします。つまり, 教師が問いを立てることで学習者に「?」(伏線)を作り, 解答によって「!」(学習者の回収)が生まれるようにするのです。

　grapefruitの単語が出たところで, 教師は「葡萄のように房になって育つから, グレープフルーツと名づけられた」と説明するのか, grapefruitが実際に葡萄のように房になっている写真を見せなが

＊**伏線回収**：前もってほのめかしたことと結果を一致させ, 「そういうことか!」とストンと腑に落ちる場面を作る。学習でも, 事前に伏線を張っておくと, 学習者がハッとするので, 学習の定着度が一気に高まる。

ら，What are these? と問いかけ They grow like grapes. So, they are ... と言っ
て間をとった時に，生徒から「あっ，grapefruit だ！」という感嘆の声を引き
出すのか。ワクワクするのはどちらでしょうか。

　たとえば，単語の導入では，生徒が身近に使っているものの中で，意味を
知らないまま使っているものを選んでクイズを作ります。何気なく使ってい
る鉛筆の HB（Hard Black），F（Firm）などです。意味から想像させたいなら，
grasshopper（バッタ），pond skater（アメンボ），ladybird, ladybug（てんとう虫），
stinkbug（カメムシ）などの単語を使うと，生徒は必死に考えます。「！」と
なったことは家族にも言いたくなります。それは教師の信頼につながります。

　教科書の本文は，いきなり教師が範読を始めるのではなく，まず，時間を
与えて，黙読をさせることが大事です。それが「読解力」の育成につながるか
らです。

　たとえば，「このページの場面を想像し，聞こえてくる音を全て書き出しな
さい」「登場人物は何人で，それぞれどんな気持ちかを考えなさい。そして，
それがわかる場所を示しなさい」「このページで，ゆっくりと読む単語はどれ
ですか。それはなぜですか」「音読をするとしたら，3秒ほどの間をとらなけ
ればならないところはどことどこですか。なぜ，そう思うのか理由を言いな
さい」といった「推論発問」（1-2-11参照）を最初に用意します。事実発問と違
い，推論発問や評価発問は「つなぐ発問」なので，生徒同士が自分の考えを伝
え合う必然性が生まれます。

　「3つの力」が身につくと，レアリア（生の教材，詳細は第4章参照）の情報に
遭遇したときに瞬時に反応できるようになります。たとえば，駅のポスター
で Stop texting while walking.（歩きスマホをやめよう）を見た瞬間にひらめき
ます。動名詞も分詞も両方とも学んでいないと，教材として使うのを諦める
教師が多いのですが，生徒をワクワクさせる授業を展開する教師は，1つでも
わかれば，それで十分と考えます。情報が欠落していたり，よくわからずに
モヤモヤ感が残ったりする方が，「知りたい」「わかりたい」という内発的動機
づけになるからです。

　彼らの発問は「動名詞は2つのうちのどれか」であり，「この英文をどう訳
すか？」です。ポスター中の text という単語は教師から説明せず，辞書で適語
を探させます。すると，「携帯電話でメールを打つ」という意味を見つけます。
このように，自分で見つけた方が，ずっと覚えているものです。

生徒へのアンケートも，聞き方次第では，生徒にとって「自分ごと」になります。たとえば，仮定法過去（中3）では，教師は「もし100万円あったら何をしたいか」とか「1億円の宝くじが当たったら何をしたいか」というようなテーマを与えがちです。しかし，どれも生徒には実感しにくいので，乗ってきません。しかし，次のように，生徒へのアンケート（「もし」で仲間に聞いてみたいこと）を活かすなら，それだけでワクワクする授業にすることが可能です。彼らは，アンケートに次のようなアイデアを書きました。まさに「ど真ん中」のお題です。

①もし，過去の偉人に会えるとしたら，誰に会って何を聞いてみたい？
　それはなぜ？
②もし，明日から3日間，家で1人で過ごすことになったら何をしたい？
　それはなぜ？
③もし，未来に行けるなら，何歳の自分に会いたい？　それはなぜ？
④もし，童話や映画に登場できるなら，どの作品に入ってどんな役で何
　をしてみたい？　それはなぜ？

「3つの力」が身についた教師は，生徒の考えを活かしたり，新出単語の定義や例文なども辞書で調べたりするようになります。「へえ，そうなんだ」という事実や情報に遭遇するので，それを使ったクイズがひらめくようになります。ですから，辞書に向き合う時間を惜しみません。

さらに，彼らは，時々，意図的に「中途半端で終わる」「情報が足りない」という状況を設定します。「**ツァイガルニク効果***」の利用です。

このツァイガルニク効果は，私たちの日常生活の中で非常に多く存在します。テレビなどで，「この続きはCMの後で！」とか「60秒後！　さらなる感動があなたにやってくる！」など，結末やクライマックスをわざと先送りすることがあります。

連続ドラマでは，次週へと続く間際に，どんでん返しや衝撃的な出来事が起こったり，主人公が意味深な言葉を発したりします。

インターネットでは，ニュースのコンテンツや，書籍の最初の1ページ目

*****ツァイガルニク効果**：達成・完了されたことより，未完了のことの方が，緊張感が持続し，記憶にも残りやすい（ずっと気になる）という現象。

だけが無料で読めるようにしてあります。次が気になって仕方がなくなった人は，勢いで「登録」や「購入」のボタンをクリックしてしまいます。これらは，全てツァイガルニク効果によるものです。

このツァイガルニク効果は，学習にも活かすことができます。勉強をあえて途中で終わらせることで，「続きが気になる」効果が発揮されます。そのおかげで，次回の勉強も，よりスムーズに疲労やストレスを感じないまま再開できる可能性が高くなるのです。何より，脳にしっかりと「あの続きはどうなるのか」という関心が生まれるので，学習への波及効果が大きくなります。

このように，生徒が学習に夢中になるような場面を演出し，教師によって張られた様々な伏線を生徒が回収していくことで，ずっと記憶に残る授業にすることができます。

1-4-2 「感受性」を高めれば，学力も向上する

授業で，生徒の力をつけるには，彼らのポテンシャルを信じることです。それができるようになるには，生徒に対して一目置けるような場面を作ることです。それは知識（正答）を求める活動ではなく，個々の感受性や創造性が発揮される活動です。

「3つの力」によって，教師は生徒の考え，意見，作品に関心を持つようになります。彼らの「**内言語***」を読み取り，内なる声に耳を澄まし，その内容をふくらませようとします。彼らが書いたものを修正するのではなく，まずは，そのみずみずしい感性を楽しもうとするようになります。

授業改善の答えはそこにあります。学校行事や部活動では，生徒の成長に感心したり，感動の涙を流したりする教師が，授業になった途端に，なぜ，それを忘れたかのように，リセットして頭から教え込もうとしてしまうのでしょうか。

確かに，彼らは，知識の面では大人にはかないません。しかし，大人が考える以上に，ユニークな考えや発想を持っています。それを引き出して，クラスで醸成してやることが教師の仕事です。学校は，きっかけや刺激に満ち溢れている場所です。教師の「**足場かけ****（p. 48）」次第で，どんどん伸びていくのが子どもたちです。ここに中学3年生が書いた英詩があります。皆さんな

---

*内言語：本を黙読したり，思考活動をしたりする時に，心の中で用いられる具体的発声を伴わない言語。

ら，これをどう訳されるでしょうか。

> **Love**
> Math questions are easy.
> Exams are easy, too.
> They don't trouble me,
> but I have one problem.
> It is love.
> Love is very difficult.
> I love her,
> but she loves another boy.
> I can't solve this problem.
>
> (『15（フィフティーン）—中学生の英詩が教えてくれること』中嶋洋一，
> 大津由紀雄，柳瀬陽介他 ベネッセコーポレーション，2006，以下同）

大阪の中学生が，これを次のように訳しました。

> **めっちゃ好きな子**
> ぼくは数学をめっちゃ簡単やと思うてる
> 入試も，たぶん大丈夫やろ思うてる
> でも一つだけ，「こら，あかん」というものがある
> それは好きな子と両思いになること
> ぼくはこれが世界でいっちゃん難しいと思ってる
> ぼくには，今，めっちゃ好きな子がおる
> でも，その子は他のやつが好きなんや
> 諦められへんけど，どうすることもでけへんねん…

子どもたちは，ほとばしるような感受性を持っています。「正確さ」を追求

足場かけ (scaffolding)：足場は，建設工事のときに仕組む仮設の作業床。足場かけとは，問題解決のために，教師が生徒の状況に合わせて課題を柔軟に変形させたり，臨機応変にサポートしたりすること。

する指導ばかりでは，このような表現力は育ちません。

詩人の幸若晴子さんは，『15（フィフティーン）』の中で，Loveをこう訳されました。

> それが問題
>
> 数式なんて　かんたん
> テストだって　むずかしくない
> 難問はさ
> 愛ってやつだ
> 僕はあいつが　好きだけど
> あいつは　他のやつが好き
> まったくもって
> それが問題

彼女の言葉は，まるで生きているようです。音読をしてみるとよくわかります。無駄がなく，とてもリズミカルです。そして，Loveを「それが問題」と訳した伏線が，最後に見事に回収されています。教師にもこんな表現力があれば，きっと授業で表現にこだわる子どもたちがたくさん生まれてくることでしょう。

1-4-3 隠されたものを「知りたくなる」のが「脳」の特性

隠されている部分，隠れている箇所に関心を持つのが私たちの脳です。

あれこれ考えたくなるのです。この「隠す」という手法を，見事なまでに授業で使っているのが，「3つの力」を身につけた教師たちです。彼らは，授業の大事な部分で「マスキング*」を使い，生徒に思考させます。

教師が授業で説明したことを覚えているかどうかを確かめるためだけに使うのは，「穴埋め」です。答えは1つに決まってしまいます。そうではなく，新出単語の導入や新しい言語材料を提示するときに示す文脈の一部を「マスキング」で隠し，そのキーワードを考えさせるような問題にします。すると，生徒は自ら思考しはじめます。

---

*マスキング：何かを覆い隠すこと。学習では，文脈から判断して，最も適切な単語を選ぶ，自分で考えた答えを入れる場合に使う。多様な思考を引き出すことができる。

「マスキング」の効果を発揮させるためには，確かな「文脈」が必須となります。また，対になる言葉の「片方」を残しておくこともその有効性に影響を与えます。教師の「読解力」がその成否の鍵を握っていると言えます。

答えがすぐにわかってしまうようでは興醒めです。見つけようとしているものがすぐに見えてしまうものなのか，目を凝らさないと見えないものなのか，はたまた，考えないと見えてこないものなのか。そのように，「何を隠すか」を考えることこそが「マスキング」を使う醍醐味であり，教師にとって大切な教材研究となります。

クイズやバラエティー番組のフリップめくりも，視聴者が自分で考えることができるよう工夫されています。視聴率が高いのは，自分ごととして捉えられるように作られているからです。授業で必要なのは，このように学習を「自分ごと」として考えられること，そして「知的飢餓感」（知りたくてたまらないという気持ち。英語ならeager to learnの状態）を作りだすということです。

たとえば，次の英文は，単語の定義です。生徒が思考を楽しむようにするには，どこを「マスキング」しますか。

---

① **新出単語でclipが出てきたとき**

You use clip to hold things together.

[1. use　2. hold　3. things　4. together]

② **pieceが新出単語として出てきたとき**

A coat is a piece of clothing. You wear a coat over your other clothes.

[1. coat　2. wear　3. over　4. other]

③ **接続詞のwhenを導入するとき**

When I was a baby, I used to eat rice ball.

[1. when　2. was　3. baby　4. rice]

④ **接続詞のwhenが文の途中に入ってくるとき**

I was so happy when I talked with you. We laughed a lot.

[1. was　2. happy　3. when　4. talked]

⑤ **接続詞のifを導入するとき**

If you search for something or someone, you look for them carefully.

[1. if　2. search　3. look　4. carefully]

⑥ **関係代名詞のthatを導入するとき**

A card is a thick piece of paper that has words, numbers, or pictures on it.　　[1. card　2. thick　3. paper　4. numbers]

　もし，③〜⑤でwhenやifそのものを隠すのであれば，「穴埋め問題」に近くなります。習ったばかりの接続詞が使えるかどうかを見ようとするものですが，接続詞自体は出しておくべきです。文脈を読み取らせるためには，他の単語を選びます。

　お勧めは①together（clipの特質），②over（other clothesとの関係性に気づかせるためにotherは出しておく），③baby（whenやwasを入れるのは文法しか見ていない），④happy（laughed a lotを読み取らせる），⑤carefully（searchとcarefullyはセットなので，2つのうちの1つを選ぶ），⑥card（関係代名詞のthatから後の内容と先行詞までをまとめて理解させるため）です。

1-4-4　いつもの「音読」を「朗読」に，そして最後は「演読」で

　中学校の教科書では，対話が多くなっています。これは，場面を与えるためです。単元の内容で場面も違います。ですから，登場人物の話し方も変わるのが普通です。しかし，多くの授業では，どのページも同じ読み方（正しく読むことが目標）になっています。

　音読では「役割演技」（登場人物になりきらせること）が有効です。登場人物の心情を読み取ろうとすることにより，生徒の想像力を高めることができるからです。彼らは，セリフをどう読めばいいかを考え，自然に読むために「間」が必要な箇所を見つけ，何度も読み込みます。

　ドラマ（演劇）の手法を用いると，言語が習得しやすいと言われるのはそれが理由です。高校の時，私は演劇をやっていたのですが，もらった役になりきるために，その心情を考えようと，もらった台本（シナリオ）に自分なりのト書きを入れ，何度も修正をしながら練習をしました。授業も同じです。

　大学の授業では，教職課程を履修している学生たちは「**演読***」（中学校，高等学校の教科書を見ずに，ドラマを演じるように，または電子紙芝居，紙芝居の語り部のように読むこと）を習慣にしています。

---

*演読：朗読（読み聞かせ，語り部）からもう1つステップアップした指導。教科書を持たずに場面を演じる。タブレット端末，PowerPoint，スケッチブック，小道具などを用意して教科書本文をプレゼンテーションする，ナレーターになって伝える読み方。

学期に1回，習った単元の中から1ページ（モノローグ）を選び，自分でそこを読む工夫をします。「演読」は，教科書を見てはいけないというルールなので，学生は徹底的に内容（文脈）を理解しようとします。教科書の行間に，「どう読めばいいか」を考えたト書きを入れます。この一連の流れで，学生の脳には映像やストーリーが浮かび上がってきます。さらに，演じる練習をしていると，自然にジェスチャーも生まれてきます。ジェスチャーは内容を理解していないとできません。

この活動を学期に1回やるだけで「読み」が一変します。中学校では，単元の1ページ程度，高等学校では1ページの中から2つのパラグラフ程度にします。教師はつい欲張ってしまいますが，ねらいは場面をしっかりと読み取れるようにすることです。

「演読」は，そのまま retelling にも置き換えられます。retelling は暗記ではなく，自分で選んだ写真やイラストを使いながら Picture Describing を行う，Show and Tell をするという感覚です。なぜなら，retell は *COBUILD* で，次のように説明されているからです。

If you **retell** a story, you write it, or present it again, <u>often in a different way from its original form.</u>（下線は筆者）

speak something は to use your voice in order to say something なのに対して，*tell* something の方は to give information, to communicate it to other people using speech. のように，「相手に伝える」というニュアンスです。

このことから，retelling はゴールではなく，speech や debate と同じようにコミュニケーションの1つの「手段」であることがわかります。よって，単元ごとに「内容を覚えているかどうか」を確認する活動ではなく，即興で深い内容も伝えられるようにする活動として，継続的，発展的に取り組む必要があります。つまり，各単元の学習を終えるごとに，だんだんメモを見ないで言えるようになることです。

育てたい生徒のイメージは，自分で必要な写真やイラストをネットから探し出し，クリアファイル（あるいは，スケッチブック，タブレット端末など）にそれらを入れ，紙芝居の語り部のように tell する姿です。語り部は適宜，聴衆に問いかけます。さらに，自分が考えた内容について話すことも，即興のやり取りも得意です。これから ICT がますます使われるようになります。このようなプレゼンテーション能力は，将来，必ず必要になってきます。retell を暗

記で終わらせていると，社会で必要になる能力が身につかないまま成長することになってしまいます。

ですから，できればZoomやGoogle meetingなどのような「クラウド型会議サービス」も使ったプレゼンテーションも大事になります。

PowerPointやPreziなどのプレゼンテーションソフトを使って，語り部のようにretellingをするのです。大学の授業で行った指導の一端（動画）を載せておきますので，参考になさってみてください（QR）。彼らは，Zoomやタブレット端末を使い，電子紙芝居の語り部になってretellを楽しんでいます。自分で写真を選び，オリジナルの文も入れることで，世界に1つしかないretellingになるからです。

1-4-5 「3つの力」で，生徒に"confidence（自信）"をつける

元同僚のアメリカ人は，常々学生たちに"When speaking English, you need 30 percent English proficiency and 70 percent confidence."と言っていました。何の自信でしょうか。それは，自分自身のコミュニケーション能力に対する自信であり，「勇気」です。

会話はスピーチではありません。自分がずっと話すのではなく，相手の「言葉」を引き出すことが，会話を長続きさせるコツです。そのためには，good listener（傾聴できる人）にならなければいけません。だとしたら，授業でも，英語力だけにシフトするのではなく，相手に関心を持つこと，覇気のある話し方ができること，コメント力を高めること，内容を深掘りしたり話題を広げたりする質問ができること，などが身につくような指導をすることも必要になります。

授業で，プリントを用意する，つながらない活動をいくつも用意するというのは，生徒のconfidenceにはつながりません。テストで正しい答えが書けるという「自信」ではなく，相手とのコミュニケーションで自信を持つこと，それを楽しめることです。場面を踏まえた練習をたっぷりとしなければ，「ああ，こんなふうにすればいいんだ」という感覚がつかめません。目指すは「教え上手な教師」ではなく，「盛り上げ上手な教師」「ほめ上手な教師」です。

ジムのトレーナー，ダンス教室の講師は，とても"乗せ上手"です。受講生の不安を取り除き，「できた！」「変われた！」という思いが「自分でもできる」という自信に変わるように，心から笑顔で向き合います。自分のコースを選

んでくれたという感謝の気持ちを持って接しています。

　学校はどうでしょう。学校では，生徒は教師を選べません。それを当たり前と考えて，「自分が上（主）で，生徒が下（従）」という関係を強いてしまうと，すぐにギクシャクしてしまいます。「出会いは運命」「一期一会」と考え，1年間，出会った子どもたちと丁寧に向き合っていく，全員に力がつくように責任を持って指導をするという覚悟が必要です。

　3つの力は，その素地を作ります。授業でコミュニケーションのconfidenceが得られたら，ALTだけでなく，世界中の人と英語で話をしてみたいと思うようになります。もっと話せるようになりたいと考えるようになります。今，大学では，言語学習アプリを使って自主的に英語学習に取り組んでいる学生が増えています。

　自宅でAI機能を使った「インタラクティブな英語学習（チャット）」をすることも可能になりました。実際，そのような学習アプリがどんどん増えています。海外の英語話者，英語を勉強している様々な国の人と通話をしたり，日本在住の外国人，英語を学びたい日本人が所属するコミュニティに入ったり，実際に会う機会を設け，交流を深めたりすることもできます。お互いの日常，文化について話すこと，会話の中で多種多様な考えを知ることができるのです。人気のあるアプリをQRで紹介しておきますので，ぜひ参考になさってください。

　今後，70％の「自信」を強固にする学習がますます必要になってくるでしょう。学校は，それを追究できる自律的学習者を育てる場であることを忘れてはいけないと思います。

＊ ＊ ＊ ＊ ＊ ＊ ＊ ＊ ＊ ＊ ＊ ＊

　授業改善に，「3つの力（読解力，要約力，編集力）」がいかに影響を及ぼすかということがおわかりいただけたでしょうか。

　生徒（学習者）の立場に立って，正しいゴールを設定し，そのときに必要なことを感じ取ること，内容をできるだけシンプルにすること，生徒とともに授業を紡ぐことが，授業（学級）づくりの原点となります。

第2章
教師に「読解力」が身につけば，授業力が向上する

「読解力」がつくと，「生徒の育った姿」から逆算できる

2-1 授業では「学習者ファースト」が原則
学習者が「ど真ん中」にくる学び

キーワード　学習者ファースト／相手意識／メタ認知能力／量質転化の法則
ツール　教師のためのアンケート

2-1-1 「学習者ファースト」とは何か？

　第2章では，授業づくりに欠かせない教師の「読解力」について説明します。読解力は，授業づくりの土台であり，生徒の心理を読み取る力，学習指導要領を読み解く力，指導の優先順位がわかる力，そして教師自身のメタ認知能力などを含みます。最初に取り上げるのは，生徒の心理を読み取る力です。

　「授業準備は，生徒の反応を予想しながらするものだ」。初任のときに，先輩にそう教えてもらい，忘れないでおこうと決心したはずでした。

　しかし，時が経つにつれ，授業が思い通りにいかないことが多くなり，教科書を先へ進めることばかり優先する毎日。気づくと，生徒の様子をしっかり観察する余裕さえなくしていました。

　生徒の無表情に無頓着になってしまったのは，「学習者ファースト」（1-2-3参照）の授業を見失っていたということです。それに気づいたきっかけは，生徒との会話でした。生徒の積極的に発言しない態度に，いささか物足りなさを感じはじめていたときのことです。

　「間違ってもいいから，発表してごらん」。そう言ってはみたものの，反応がありません。なんとかならないかと思いあぐねた末に，思い切って，授業後に何人かの生徒に話しかけてみました。「間違っていたら恥ずかしいと思っているんじゃない？」1人の生徒ははっきりと答えました。「それはないです。私ばかり発言したら，他の人の発言する機会を奪ってしまうので申し訳ないです」。別の生徒は言いました。「私ばっかり発言することで，他の人に『発言しなくてもいいんだ』と思ってほしくないです」。

　「自信がないから発言しないのだ」「わからないから，積極的になれないんだ」という自分の思い込みがイライラ感を募らせ，逆に授業を閉塞させていたことがわかり，落ち込みました。

このような思い込みが他にもあるかもしれない。ふと，そんな気がしました。生徒の音読の声が小さい，なかなか英語を話さない。そんな教室の重い空気を感じて，「やる気がないんだろう」と勝手に判断して，レッテルを貼っていたのではないかと思ったのです。

生徒たちと話をしていると，教師の考えとは違った理由があることがわかりました。実際に話をしてみないと，本当のことはわからないものです。以後，生徒たちの声を聞く機会を増やしました。すると，彼らは，仲間のことを考えた行動をとっていたことがわかってきました。「すごいな，この子たち……」と感心する場面がだんだん増えていきました。

学習者ファーストの考えとは，生徒の活動をただ増やすことではありません。生徒の考えを傾聴し，実態をつかもうとすることです。生徒たちに寄り添えば，彼らは，教師が考えている以上に感受性が豊かで，大人にはない発想ができる，眩しい存在であることがわかります。

教師が生徒に対して，「こんなこと思いもつかなかった」「この表現はすごい」「こんな見方もできるのか」と素直に感心できるようになると，それに比例して，授業も楽しくなっていきます。これが，学習者ファーストの授業づくりの芽生えです。知識を教授することの満足感よりも，はるかに崇高な喜びを感じることができます。

彼らを正しく理解するには，第1章で述べたように，教師の「読解力」を高めていくこと，生徒の実態に応じた授業づくりをすることが不可欠です。

2-1-2 「自分ファースト」と「学習者ファースト」の違いは？

学習者ファーストで授業を組み立てる教師は，生徒を見る視点が他の教師と一味違います。それは「自分を客観視できる」ということです。教師自身が中学生，高校生だったときのことを思い出し，「自分もそうだった」と共感できるということです。ですから，思春期の中で悩み，それでも身の丈以上に伸びようとする生徒たちを応援しようとします。

客観視できるということは，教師自身の「メタ認知能力」が高いということです。メタ認知能力は自らの経験を通して高めていけます。

まず，筆者が指導教諭として担当した初任者が，どうメタ認知能力を高めていったのかをご紹介しましょう。

新卒のK先生は，教育書をよく読み，英語教育に関する知識も豊富にあり

ました。ただ，言葉の端々に，自分のやり方にプライドを持っている「自分ファースト」の発言が見られました。1年間，そんな彼と授業を互いに参観しあい，ときにはビデオに撮った彼の授業を一緒に見ながら振り返りをしました。ビデオを途中で止め，「活動に取り組んでいない生徒が3名いるけど，なぜだろう」などと問いかけて，議論を重ねました。研修の最後に，彼は次のような振り返りを書いています。

　1年間を通して，自分の授業の課題が明確になった。それは生徒との対話ができていなかったことである。指示の英語がわかりづらく，生徒の反応を見ずに，教科書を先に進めていく授業だった。授業の展開だけを意識した結果，生徒が英語を使おうとは思えない授業が多かった。

　たとえば，前の活動とのつながりを作らず，突然，登場人物になりきって意見を言うように指示をした。「何を答えたらいいん？」と困惑した表情の生徒たちがいた。私は，「自分が用意した質問をしたい」「生徒はきっと答えられるはずだ」と，そう勝手に思い込んでいた。一切，生徒の様子を見る余裕がないままに，授業を進めていた原因は，「授業で教師が活躍している姿を見せたい」という欲望に終始してしまっていたからだ。

　K先生が書いた内容は，教師の「読解力」と大いに関係があります。K先生は，生徒の心情などを読み取ること，相手（生徒）の立場に立つこと，教室の空気を読むことを繰り返すことで学習者ファーストの考え方を習慣にしました。

　学習者ファーストで授業づくりをしている先生は，定期テストの設問も異なります。次に紹介する中学校，高等学校の2種類の英作文の問いを比べてみてください。

● **中学校 [Thank you for ～ingを使って表現させる設問]**
　A) Thank you for ～ingを使って20語で英文を書きなさい。
　B) ALTのAnn先生が帰国します。Ann先生にしてもらったことを思い出し，感謝の手紙を書きましょう。(25-30語)

● **高等学校 [仮定法を使って表現させる設問]**
　A) 次の状況のとき，あなたならどうするかを，仮定法を使って表現し

なさい。

　B）次のメールの内容は，本校のALTが日本の生活で抱えている悩みです。ALTを少しでも安心させるために，いろんな場面を想定して，「私なら」というアドバイスをしましょう。

　読者の皆さんが生徒なら，取り組みたくなるのはどっちでしょうか。Bの問いではないでしょうか。ゴールが明確で，何をどうすればいいかが明瞭です。さらに相手を意識する文脈を設定していることで，自分ごととして考える意識が働きます。どのようにタスクを設定すれば生徒がワクワクするのかを考えることこそ「相手意識」の姿勢です。

　教師が大切にしたいのは，このように，真摯に生徒の心理を読むことができる「読解力」です。日頃から生徒の考えや作品に関心を持ち，生徒と向き合い，彼らを尊重することです。すると，だんだん学習者に一目置けるようになり，学習者ファーストの授業ができるようになります。

2-1-3 「学習者ファースト」はどうすればできるのか？

　「学習者ファースト」の授業をするためには，生徒の実態を把握しようと努力することが肝要です。学習のつまずきやクラスの生徒の関心など，実態が把握できるようになると，それを活かした授業ができるようになります。実態把握をするのにオススメの方法が2つあります。

① 教師の観察眼を磨く

　1つは，生徒を丁寧に観察することです。近年，PDCAサイクルではなく，OODAループというプロセスを取り入れる企業や学校が増えています。OODAとは，Observe（観察する），Orient（情勢判断する），Decide（意思決定する），Act（実行する）の意思決定プロセスです。

　スタートは"Observe"からです。授業づくりも同じです。生徒の実態把握をするには，根気強い観察が欠かせません。

　授業中，生徒がペアやグループで話し合っているとき，教師はペンと座席表を片手に観察し，生徒の発言や様子から気づいたことをメモしていきます。座席表は毎時間ごとに1枚用意します。それが授業のたびに積み重なっていくと，個々の生徒の変容や成長を知る貴重なカルテとなります。たとえば，リーディングで，生徒が辞書を使いはじめたら，どのような語彙に困難を抱

えているかをチェックして書き込みます。教師が「わかっているはず」と思っていた語彙を案外知らなかったりもするので，情報収集は欠かせません。

　クラス全体を見つつ，解くのに時間がかかっている生徒の近くに行き，どのように読んでいるのかをそっと観察します。ペアでやり取りをしているときに楽しそうに語る様子を観察していると，教師の顔も自然にほころびます。

　ペアの活動中「あっ，そうか！」という声が聞こえれば，足を運び，「どんなことがわかったの？」と尋ねます。こちらも「おおっ」と唸らされることもあり，生徒に感心する場面が増えていきます。

②　アンケートを「学習者ファースト」にする

　「学習者ファースト」の授業ができるように，アンケートで生徒の声を集めることも大切です。たとえば，次のようなものです。

> グループでのリーディング活動は必要ですか。それはなぜですか。
> できるだけ具体的に書いてください。

　次のようなことを書いてきた生徒がいました。

　今までこのような形式を体験したことがなく，発表したり考えたりすることに難しさを感じていました。しかし，回数を重ねるうちに，内容が頭にすーっと入り，即興で考えて発表できるようになっていることに自分の成長を実感できます。（下線は筆者）

　アンケートをとると，生徒の「内なる声」を知ることができます。この記述からは，生徒が何に成長を感じているかをつかめます。生徒の声を分析することで，授業改善のヒントを得られます。

　自分ファーストの考え方であれば，教師の勝手な思い込みで活動の善し悪しを判断してしまいがちです。しかし，学習者ファーストで考える教師は，生徒の声に耳を澄まし続けます。そして，教師の読解力がどんどん高まっていきます。「量質転化の法則」の通り，量をこなしていると，生徒から学び取れる質が高まります。

　授業づくりは，生徒と向き合うことからスタートします。宮内庁御用達の洋服店のデザイナーは「生地を見ていたらアイデアが浮かんでくる」と言い，

日展作家（彫刻）は「削ろうとする木や石の声を聞くことを大事にしている」と言います。生地や木，石を生徒として考えてみると，授業づくりでは何を見ることが大事なのかがわかります。

2-2 全体構想に欠かせない「伏線」と「布石」
よい授業は学習指導案を見ればわかる

> **キーワード** 伏線回収／生徒のメタ認知能力／自己評価能力（自己学習能力）の法則／バックワード・デザイン
> **ツール** 生徒のためのアンケート

2-2-1 「伏線回収」がある授業とは？

　1-4-1で「伏線回収」の学習や授業における効果について紹介しました。回収したときに感じるワクワク感は，学習内容が自分ごとになっているからです。

　たとえば，4月当初の自己紹介の指導でも伏線を張ることができます。

　まずは，自己紹介をする場面などを具体的に提示して，イメージを持たせます。「本校に留学生が来ることになりました。自分のことを深く知ってもらえるよう，英語で自己紹介をしてください」。

　マッピングをした後，ペアで自己紹介をし合います。その後，話した内容をライティングします。ここで，教師があえて訂正をしないことが「自分ごと」にするための伏線になります。ある生徒は，次のように自己紹介文を書きました。

　Hello. Let me introduce myself. My name is Aya. I'm sixteen years old. I'm on the brass band club in high school. But I started it from high school, so I have to practice hard. Tell you my favorite things. I like miffy. I have some goods. When I was three years old, I read only miffy picture books. Then, I like music, too. Recently I often listen *Aimyon*, *Back Number* and so on. Music makes me relaxed. （原文ママ）

　このように，生徒の自己紹介はIを主語にした文が多くなりがちです。そこで，生徒が自分のライティングの改善点を自覚できるように，モデル文を提示し，生徒に問いかけます。「この自己紹介には，情報を効果的に伝える3つの工夫が隠されています。それはどこですか」。生徒たちはモデル文を何度も読みます。「気づいたことをペアで共有してごらん」と言った瞬間，彼らは堰

を切ったように一斉に話しはじめます。

生徒たちは次々に気づいたことを言います。「I以外の主語も使っている」「1つの話題で詳しく説明している」「接続詞や副詞を使って文章に流れを作っている」等々です。

全体で共有した気づきを元に，今度は，自分の自己紹介文を赤ペンで推敲していきます。教室がシーンと静まり返った中で，カリカリとペンの音だけが響きます。先ほどの生徒は，次のように書き換えました。

Hello. Let me introduce myself. My name is Aya. Please call me "Aya" or "Aya-chan." I belong to the brass band club. There are around eighty members in the club. I always practice the horn, but it is so difficult for me to play well. I want to improve my skills. By the way, I want to tell you about my favorite thing, Miffy. Do you know her? She is from the Netherland and was born in 1955.

The rabbit is loved by people of different ages all around the world. From Miffy, we can learn spirit for challenge. I recommend her! Also, I'm shy with strangers, so please speak to me! Nice to meet you. （原文ママ）

生徒の振り返りには，学習したことの気づきが凝縮されていました。

たくさんのトピックについて話すのではなく，一番伝えたいことを先に言ってから，理由や例を話していくと，聞き手が情報をすんなりと頭に入れられることに気づきました。また，私の文章には接続詞が少なく，話が切れることが多く，箇条書きのようになっているので改善しました。

最初からモデル文を読むと，「自分ごと」として捉えられません。自分で書いたものと，仲間が書いたものを比較して，「違い」を認識できるようにすると，自ら推敲を楽しむ生徒になっていきます。

2-2-2 バックワード・デザインと伏線回収で単元構想を考える

単元構想を練るときは，バックワード・デザイン（以下BWD）で考えることが大切だと言われています。しかし，誤った解釈でBWDが使われているケースもあるようです。

BWDは最後の活動から逆算すると考えがちですが，そうではありません。

本当のBWDは，「生徒の育った姿」や「生徒に身につけさせたい力」から逆算して単元構想や授業づくりをすることを言います。

　たとえば，単元の最後に4人のディスカッションを設定したとします。ディスカッションを成功させるために，どんな指導が必要かを考えてみます。まず，相手の意見を理解できなければなりません。自分の主張と理由が述べられるようになる指導も必要です。さらに，発話を続けるには，ターン・テイク（やり取り）も指導しなければなりません。

　たとえば，自分の意見を発信するだけでなく，他の発言に対して，瞬時に"That's interesting."や"Good idea."などの感想を伝えるターンをとったり，"Well ..."でつなげたり，手を動かしたりすることで，発言する意思を相手に伝えることもできます。

　しかし，これらをそのまま全て盛り込もうとすると，様々な問題に直面します。「授業時数が足りない」「指導内容を欲張りすぎて，結局，全てが中途半端で終わった」，そして「期待していたようなディスカッションができなかった」ということになります。

　では，今度は「身につけさせたい力」から必要な指導を考えてみましょう。3人以上のディスカッションで，生徒が難しいと感じるのはターン・テイクです。沈黙が生まれてしまう原因になります。

　そこで，自らターンをとり，発言できることをねらいとして，帯活動で練習をします。1つ前の単元から練習を始めます。単にディスカッションを経験させるのと違い，生徒に身につけさせたい力が明確になっていると，指導のポイントも明確になります。このように，BWDは活動ではなく，つけたい力から逆算することで必要な指導内容とそれに必要な時間が見えてきます。

　次に，中学校の単元末のパフォーマンステストとして行われた「Our Emergency Bagを作ろう」という実践をご紹介します。

　まず生徒に伝えます。「日本に来たばかりのALTは，頻繁に起こる地震に不安を抱えています。彼女は，避難バッグ（emergency bag）とアイテムを購入しようと考えました。あなたは，彼女の選んだアイテムをどう思いますか。彼女が安心できるようにアドバイスをしましょう」。

　ALTを含めて4名程のグループで議論します。最初に，ALTが5つのアイテムを提示し，"This is my emergency bag. What do you think?"と投げかけます。そこから，生徒は一斉に質問や意見を言いはじめます。

この単元における伏線は，何が考えられるでしょうか。1つは，テーマを「自分ごと」にすることです。そこで使うのが「重ねるハザードマップ」というサイトです。自宅周辺を検索すると，自然災害による被害の可能性が一目でわかります。自然災害とは無関係と思っていた生徒も，タブレットを見ながら言葉を失ったり，「備えとかな，危険や！」「学校の周辺も危険かも」などとつぶやいたりします。

　もう1つは，賛否の伝え方をトレーニングしておくことです。与えられた論題（たとえば"Should we visit Hokkaido as a school trip this year?"）に対して，ペアの1人が自分の考えを言い，それに対してもう1人が即座に反論し，その理由を伝えます。最後のパフォーマンステストに向けて，毎時間，違うテーマで少しずつこのような訓練をしていきます。大切なことは，途中で生徒の出来具合をチェックし，習熟できていないと判断したときは，教師から「テコ入れ」をすることです。

　伏線を敷いておくと，本番のパフォーマンステストでは，「自分ごと」と捉えてディスカッションをする生徒が多く出てきます。

2-2-3 伏線回収は，どのように仕組めばいいのか？

　教師が用意した伏線は，生徒が回収していきます。道徳の授業で，教師が最後にまとめず，生徒が自分の言葉で決意を伝えるのと同じです。回収に有効なツールが「生徒のためのアンケート」です。アンケートを行う目的は，①生徒のメタ認知能力を高めること，②教師の授業改善（つけたい力が本当に身についたかどうかの確認）の2つです。

　アンケートは記述式にして，何がどこまでできたかを具体的に書く項目を用意します。アンケートを学期初めに生徒に提示しておくと，他者の発表や授業内容をアンケート項目と結びつけて考えるようになります。

　以前，ディスカッションのように即興で話すことについてアンケートをとったことがあります。即興で話すことについて，生徒がどのような認識を持っているかを把握するためです。アンケート記述を分析してみると，即興での発話が得意な生徒と，そうではない生徒の認識の違いがくっきりと浮かび上がり，とても興味深い発見をしました。

　即興での発話が得意な生徒は，次のように書いています。

自分で考えて意見を言うことは，とても楽しいことです。私は，英語で意見を言うときに，ついつい難しい単語や表現を使ってしまいます。それは，普段日本語で話しているときの癖が抜けないからだと思っています。なので，英語で意見を言うとき，とても簡単な単語や表現を使うようにしています。今は簡単な表現ですが，より自分の考えをわかりやすく伝えられるようにしたいです。（下線は筆者）

　この記述内容から，生徒の中に変容が起きていることがわかります。「日本語で話しているときの癖が抜けない」というのは，前段の「ついつい難しい単語や表現を使ってしまう」，後に続く「とても簡単な単語や表現を使うようにしている」から，日本語をそのまま英語に変換しようとするため，難しい語句を選択してしまっているのだと解釈できます。発話している自分を客観視しながら，改善策を模索していることがわかります。
　また，別の生徒は次のように答えています。

　　頭で考える時間がないから，思ったことをまず英語にしてみることが大事だと思います。インタビューテストのときもそうだったけど，まずは自分の意見を考えてそれを英語にすると，2倍の時間がかかるので，まず思ったことを英語で話して，その間に次に話すことを考えました。

　この生徒は，最初に意見を日本語で考える習慣を見直し，最初から英語で発話をしながら，情報を付け加えていく方法を選択しています。
　一方，即興の発話が苦手な生徒は，次のように述べています。

　　聞かれたことに対して，自分の言いたいことを英語に直したり，きれいな英文で答えたりする力がついていないので，もっと単語や表現などを覚えていきたいです。（下線は筆者）

　この内容からは，流暢性のある即興的な発話を妨げる原因がわかります。1つは，先の生徒たちが話題にした「日本語を英語に変換する習慣」です。「自分の言いたいことを英語に直したり」の部分から，日本語を英語にしていることがわかります。さらには，「きれいな英文」という表現は，英語の正確さ

を示していると解釈できます。きれいな英文で答えられる力がないから「単語や表現を身につける」と，内容より言語形式に強い関心を持っていることがわかります。この生徒は，英語の発話が苦手なりに，その発話のプロセスを分析し，何を考えているかを客観的に捉えようとしています。

　このように，アンケートから数値の分析だけでなく，記述内容の解釈によって，様々な気づきを得ることができます。視点さえ変えれば，生徒の「内なる声」に気づけるということです。さらに，生徒が自分の取り組みを振り返ることで，自身のメタ認知能力を高めることにつながります。大切なことは，「つけたい力」が身につくように，単元計画で最初に伏線を張り，生徒が回収をした後，アンケートで検証することです。

2-3 「3色付箋紙」を使えば「自分の癖」がわかる
学習指導要領には授業改善のヒントが満載

キーワード 羅針盤／授業の「見える化」／自律的学習者
ツール 3色付箋紙で授業分析／授業診断

2-3-1 「学習指導要領」は，正しいゴールを目指す「羅針盤」

　生徒の英語力を高めるためには，正しいゴールの設定が大切です。うまくいっていないのは，教師が本来目指す山の頂上より低いレベルで満足しているからか，正しいゴールが何かを認識していないからかもしれません。

　生徒を正しい山に導くことは教師の責務です。部活動においても，全国大会に出場するのか，1回戦突破を目指すのか，といったゴールの設定次第で，生徒の取り組みは全然違ってきます。生徒たちが，自律的学習者として，自身のメタ認知力を高め，セルフ・コントロール力を身につけるには，自分でゴールを設定できるようになることが大切です。そのためには，教師が正しい山を示しておかなければなりません。間違った山を登らせていたら，いくら生徒が自己選択，自己決定をしたとしても，力はつかないからです。

　「正しいゴールって何？」と疑問に感じられるかもしれません。そこで，ゴールを知る羅針盤となるのが「学習指導要領」です。

　教科書は学習指導要領をベースとして作られています。両者はコインの表裏の関係です。教科書に掲載されているタスク活動には，学習指導要領に記載されている目標などが紐付けられています。ですから，学習指導要領を丁寧に読み解くことで，教科書のタスク活動が「何のために」設定されており，「どのように」指導すればよいかが明らかになってきます。つまり，授業のゴールも明確になるということです。学習指導要領の内容を知らずに，自分の判断だけで教科書を教えるのは，交通ルールを知らずに車を運転するようなものです。

　学習指導要領を読み解くときは，「3色付箋紙」を活用することをおすすめします。3色付箋紙を使うことで，指導で足りないことや自分の癖などが視覚化されるからです。それによって，正しいゴールを認識できるだけでなく，

授業でやらなければならないことも明らかになります。

　具体的には次のようにします。まず，手元に3色の付箋紙（青色，黄色，赤色）を用意します。3色は信号機の色とお考えください。

---

① 『学習指導要領　外国語編解説』を手元に用意します。
② 「付けるべき力」の箇所に下線を引きます。
③ 下線部に，次のような視点で付箋紙を貼って分類していきます。
　　○青色…「テストに出題している。成果も上がっている」
　　○黄色…「テストに出題してはいるが，成果は上がっていない」
　　○赤色…「指導していなかった」
④ 黄色の付箋には，「改善してみたい活動」の内容を，そして赤色の付箋には「具体的な定期テストの設問」を考えて書き込みます。
⑤ 学習指導要領から黄色と赤色の付箋紙をはがし，「ここだ」と思う教科書のページに貼ります。それらが，正しい山を意識するリマインダーとなります（QR）。

---

　③の段階では，学習指導要領には書かれているのに，定期テストに出題していなかった内容（指導も評価もしていない，教師が全く把握していなかったこと）が浮き彫りになります。こうして学習指導要領に付箋紙を貼っていくと，自分の授業診断ができます。

　⑤の仕上げの段階では，教科書の該当ページに3色付箋紙を貼ることで，自分の弱点（苦手なところ）が見えてきます。さらに，定期テストの問題と日々の授業の指導を一致させることができます。

　第1章では，学習指導要領が「処方箋」として有効であると説明されています。下線を引いて「わかったつもり」になるのではなく，下線部に3色付箋紙を貼って可視化することで，教科部会でも話し合うことができます。

2-3-2　学習指導要領をどう授業やテストに活かすのか

　3色付箋紙を使った学習指導要領の読み解きで，実際にどのような授業改善が図られたのかをご紹介しましょう。高等学校学習指導要領（平成30年告示）外国語編の「聞くこと」の目標に，「社会的な話題について，必要な情報を聞き取り，概要を把握すること」と書かれています。筆者は，この部分に赤色付箋紙（指導しなかったこと）を貼りました。

実際の授業では，「聞くこと」の活動を行っていても，詳細を聞き取る発問をして，それに答えるだけの指導でした。概要を把握したかどうかを確認する指導ができていなかったのです。

次に，赤色付箋紙の上に，具体的なテストの設問を書き込みます。時系列で説明された文章を聞き取り，PowerPointのスライドを正しい順番に並べ替える問題にして，概要把握ができているかを確かめることにしました。それを授業で実際に指導

3色付箋紙を貼った教科書

できそうな教科書の単元のページに貼り付けました。

筆者が付箋紙を貼った場所は，劇作家の平田オリザさんが高校生の頃，自転車で世界一周一人旅をしたストーリーのレッスンです。ここでは，旅先で起こったエピソードが時系列で紹介されています（*Crown English Communication* II, 2019, 三省堂）。ストーリーの概要を示したイラスト（1セクションに複数枚）をペアに1セットずつ渡しておきます。

単元の導入後に，レッスン全体の概要を聞いて把握させました。教師が生徒の実態に合わせた速さで音読をしていきます。チャンクごとに切ったスラッシュで少しポーズを入れながら読み，理解を促します。

1つのセクションを読んだ後，ペアで相談しながらイラストを並べ替えます。「アメリカに向けて飛び立ったって言ってなかった？」「その前に，どのようにしてお金を稼いだか言っていたと思う」といった議論が巻き起こります。次のセクションでも，同じように教師が読み終わった後，生徒たちは内容に即してイラストを並べ替えます。

全てのセクションを聞き終わった後，教科書を読み，ペアで再度イラストの順番を確かめます。その後，ペアで教師のところに来て，それぞれのイラストを英語で説明します。イラストの順番は正しく並べ替えられても，概要を捉えられているかどうかはわかりません。よって，概要を英語で伝えるという最終チェックは外せないと考えました。

1つのセクションの説明時間は30秒にしました。そうすることで，概要の説明に必要な情報のみを選択することを促せます。教卓に向かって並びながら，自分たちの番が来るまで，生徒たちはペアでイラストの説明を何度も練

習します。このような，習熟のための時間を意図的に作ることが大切です。

　生徒の説明を聞き，概要を把握できていないと判断した場合は指導を加えます。たとえば，「第2段落では，今説明したことが一番伝えたいこと？」「今説明したのは，伝えたいことの一部だよ」のように指導をしていきます。

　このように，学習指導要領に書かれてあることを意識することで，教科書の内容，授業中の指導，テスト問題をリンクさせることが可能になります。つまり，学習指導要領を羅針盤にすることで，3つの要素を三位一体にできるのです。人は，見通しが立つことには意欲的に取り組みます。単元構想を考えるときに，習得の時間と活用の時間をコーディネートし，さらに山場となる授業シーンをあらかじめ想定しておけること。それが「ワクワク授業」を可能にする鍵となります。

2-3-3 「3色付箋紙」を自身の「授業診断」に活用する

　3色付箋紙を使うと，生徒が集中できるリズムが授業にあるかどうか診断することができます。授業では，「リズムとテンポ」が必要だと言われています。リズムとは，授業における静と動のバランスです。リズムが崩れると，教室が騒がしく収拾がつかなくなったり，逆にどんよりとしたムードになったりします。リズムがよいと，メリハリのある授業展開になり，生徒は適度な緊張感を保ちながら，集中して授業に取り組みます。

　テンポは，生徒にとって心地よい活動の区切りがあることです。「テンポがいい」という言葉があるように，授業中の活動に生徒が飽きないよう，「適度な間」を意識して進めていくことです。

　ここでも3色付箋紙を使うと，自分の授業のリズムを把握することができます。それが，学習規律を保つ重要な役割を果たします。

　まずは，学習指導案を用意します。次のようなルールで3色付箋紙を学習指導案に貼り，自分の授業を可視化していきます。

● 赤色…教師主導の活動
● 黄色…個人の活動
● 青色…ペアやグループなど，互いに関わる活動

　この「見える化」により，自分の授業の弱点や問題点が明らかになります。たとえば，赤色の付箋紙ばかりが続いているようだと，生徒が受け身で教師

の話を聞いている授業だとわかります。そうした授業が続くと，生徒たちの表情が暗くなり，反応をあまり示さないようになります。

　黄色の付箋紙が続くときは，進度や意欲で差が生まれやすくなります。個人作業は，意図的な介入がなければ，教師や他の生徒から学ぶ機会がないので，英語が苦手な生徒はずっとノートをにらんだままになります。

　青色の付箋紙が続くときは，「活動あって指導なし」になり，正確さが疎かになる危険性があります。私語が増え，遊ぶ生徒も出てきます。

指導案を3色付箋紙で分析

　赤色と青色が交互に繰り返されている授業も注意が必要です。個人で思考する時間がないため，内容が深まっていきません。

　同じ付箋紙が続くところに，別の色の付箋紙（違う活動）を入れてみます。途端にリズムが生まれ，メリハリのある授業になるので，生徒は集中して取り組むようになります（QR）。

　「自身のブログ（weblog）を書く」という課題に取り組んだときのことをご紹介します。

> 　英語でブログを始めましたが，なかなか読者が増えません。読者を増やすためのとっておきの記事を1つ書いてください。読者から「いいね👍」がもらえるかどうかがポイントです。

　授業はストーリーにすることが肝心です。「皆さんが書いたものをクラスの5人に読んでもらいます。内容がよかったら『いいね』の代わりにこのシールを貼ってもらいます。3枚以上のシールを得られたら合格です」と伝えます。

　「え〜っ？」生徒たちはお互いの顔を見てざわつきはじめます。しかし，意を決して書きはじめます。教師は机間指導をしながら，クラス全体で共有すべき作品を探します。教師が気づいたことを全体で簡単にフィードバックした後，再度個人で修正をする時間をとります。その後，教師が選んだ作品を全体に紹介します。仲間の書いた作品を読むうちに，クラスのボルテージがどんどん上がり，いつの間にかペアやグループで感想を伝え合っています。

　3色付箋紙を指導案に貼りながら，活動を考えたり，授業を振り返ったりすると，このように，リズムのある授業づくりができるようになります。リ

ズミカルな授業では，生徒がこだわりを持ち，関わり合い，生徒同士の人間
関係が円滑になっていきます。

2-4 「起」ではなく「転」から授業を考える
山場（つけたい力）から逆算するとうまくいく

> **キーワード** 「起承|転|結」の構想づくり
> **ツール** 学習指導案は全体構想のワン・ピース／箱書き

2-4-1 起承転結で授業の「山場」を作る

　私たちが，ドラマの「転」の場面で息を呑むように，授業における「転」で生徒をワクワクさせられないでしょうか。

　「明日の授業は何をしようか」。授業の準備が自転車操業になると，授業を最初の活動から順に考えがちです。そして，活動を並べたワークシートを作成し，授業準備を終わらせてしまいます。そうすると，説明中心の単調な授業になってしまいます。

　これは，授業の目的や目標を見失っていることが原因です。授業づくりで行き詰まったときは，一旦，自分がやろうとしていることをリセットし，全体構想に立ち返ってみることが必要です。

　授業が終わったときに，生徒が何をできていればいいのかを具体的にイメージします。生徒は，授業を通して何に気づき，どのような振り返りを書くことが望ましいのかを考えてみます。授業の構想を練る上で，育った生徒の姿を授業の「ど真ん中」に置き，授業のゴールを軸として考えることは最も大切にしたいことです。

　授業は，最初の構想で全てが決まってしまいます。家を建てるときも，最初の設計図が決め手になります。確かな構想があるからこそ，パーツ同士の接合部分が見え，構想に基づく活動の必要性も生まれてきます。

　授業を「起承|転|結」という枠組みで捉え，「転」に授業の山場を仕組めば，生徒は夢中で活動に取り組むようになります。教師がストップをかけないと，いつまでも活動が続きます。チャイムが鳴った瞬間「え，もう終わり!?」と驚いた表情で言います。

　高校の教科書に，「国境なき医師団」（以下，MSF）で日本人最初の医師として働いた貫戸朋子さんの題材があります（*Crown English Communication* II，

2019，三省堂）。1993年当時，争いが起こっているスリランカで，医療活動に従事しました。1つの病院で毎日約150人に対応しますが，医師は2人で，十分な医療機器も備わっていません。夜に外出しないように言われる日もあるような状況です。

　このレッスンの第3時で「転」にした活動は，"If you were a parent of Dr. Kanto, what would you say to her?"でやり取りをすることです。ペアの1人が貫戸さんになりきり，もう1人が親として貫戸さんの思いを聞き，ディスカッションをします。

　この活動では，貫戸さんが国境なき医師団に加入する際の思いを，自分ごとのように言語化することがねらいです。そのためには，教科書に書かれてある内容はもちろん，その背景にある思いを想像できるような時間を設定することが必要になります。ディスカッションを「転」として十分時間をとり，そこから授業をデザインしていきます。

第3時

【起】教科書内容の理解・教科書内容のリテリング
【承】現地の状況を想像できる情報を与える
転　貫戸さんか，貫戸さんの親になりきってディスカッション
【結】振り返り（到達度の確認）

　ゴールが不明確な授業では，あれもこれもと欲張って，内容を詰め込みすぎてしまいます。教科書の内容を理解させたい，語句や派生語も確認させたい，音読では読めるだけではなくリンキングも指導したい，のように考えてしまうと，てんこ盛りの幕の内弁当のようになります。それを無理矢理食べさせられる生徒は，消化不良を起こしてしまいます。

　しかし，「転」の山場で「何をするか」さえ明確にしておけば，本時の目標に不要な指導，いらない活動が見えてきます。事前にどんな指導をしておくべきか，最後の振り返りで何をすればいいかがわかります。

2-4-2 起承転結から考えた授業の中身とは？

　このディスカッションは，貫戸さんになりきった生徒が，自分の思いを伝えることから始まります。

"I'm thinking about going to Sri Lanka as a member of MSF because I want to see what's happening in the world and help people in need."

親役の生徒は，相手の発言を受けて，"I don't want you to go to Sri Lanka. It's dangerous, right? I heard fighting was still going on."と，教科書の内容を踏まえながら，反対する思いを伝えます。

すかさず，貫戸さん役の生徒は，"In Japan, there are many doctors, so they can help people in need. But the country doesn't have enough doctors and medical equipment."と答え，引き下がりません。

親役の生徒は，それでも納得せず，"You might be killed in the fighting."と言います。しかし，貫戸さん役の生徒は，"Even if I die, I can save more people's lives."と，自分の命は1つだが，それよりもより多くの人の命を救う方が大切だと力説します。

「転」となる活動では，十分な時間を確保しなければなりません。そこで「転」につながらない活動を省きます。このように「転」から考えることで，本時で本当に必要な指導内容に気づくことができます。つまり，無駄を省く「引き算思考」(第3章参照)ができるようになります。

この授業計画では，内容理解が「起」の段階で終わっていることを不思議に思われるかもしれません。実は，全体計画の段階で，第1時と第2時は次のような「起承転結」になるように構想していました。

第1時

> 【起】写真を使って話し合いながら，貫戸朋子さんの簡単な理解
> 【承】国境なき医師団の情報を理解する
> 転 英文を聞き，ペアでイラストを順番に並び替える
> 【結】個人で次時の準備をする

第2時

> 【起】イラストの説明に必要な語句を確認
> 【承】ペアでイラストを英語で説明する練習
> 転 ペア毎に教師のところに来て，イラストを英語で説明
> 【結】個人で次時の準備をする

第1時と第2時の授業構想でおわかりのように，「転」では，生徒たちが協働しながら思考する場面を設定しています。協働的な学習は，個を伸ばすためにあります。そのため，最後の「結」では，個人で学びとったことを振り返り，次時の準備（自己申告）を個人で行います。

　「転」から考えて構想を練るのは，単元全体を構想する上でも活用できる考え方です。貫戸さんのレッスンでは，次のような単元構想が考えられます。

【起】国境なき医師団の現状を知り，レッスン全体の概要を把握する
【承】教科書から貫戸さんの思い，苦労，夢を読み解く
　　　貫戸さんの決断をpersonalizeする
 転 　決断を迫られる場面でのディスカッション（応用問題）
【結】振り返り（到達度の確認）

　「転」では，葛藤を引き起こすように2択で決断を迫る場面を設定し，そこで複数の視点から考えた後，意見をまとめるようにします。たとえば，「海外で医療従事中だが，その国の治安が悪化し，危険な状況である。現地に残るか，日本に帰るか」といった内容で議論させると，クラス全体が白熱します。

　授業者が最優先に考えるべきことは，全体構想（ジグソーパズルの完成図）です。単元全体を「連続体」にして，山場となる「転」のコマを最初に決めてしまいます。次に，「転」を意識しながら，伏線と回収の計画を練ります。単元における本質や指導の優先順位がわかる「読解力」が身につくと，活動に軽重やメリハリをつけられるようになります。

▶2-4-3 「転」からの構想づくりに役立つツール

　「転」から考える単元構想や授業づくりには，様々な思考ツールを活用できます。脚本家がシナリオを考えるときに使う「**箱書き**＊」，「**絵コンテ**」，「**2種類のマッピング**」，「**発想を広げるマンダラート**」，「**3色付箋紙**」などが主なものです。中でも，箱書きは「転」から授業を考えるときにとても有効です。

　研究授業などでは，教師はいろんな活動を知っているところを見せたいという思いから，あれもこれもと活動を用意してしまいます。すると，時間が

＊**箱書き**：起承転結ごとに四角のスペースを用意し，そこにプロットを書き出す。こうすることで，話の展開を俯瞰して確認することができる。

足りず，肝心のメインの活動が中途半端で終わってしまいます。さらには，先を急ぐあまり，表面的な学習に終始し，学習内容に深みが生まれない授業になってしまいます。ついていけない生徒は，授業へのノリも悪くなります。

　協議会では，「いつもはもっとできるのですが，今日は緊張していたようです」という指導者の弁解の言葉が聞かれますが，元はといえば，それは最初の構想の失敗が引き起こしています。

　箱書きを使うと「起承転結」の4つの箱しか用意されないので，活動の詰め込みを避けることができます。しかも，「転」とのつながりを意識しながら授業をデザインできるというメリットがあります。活動と活動の間に「のりしろ」を意識するので，スムーズにつなぐことができ，ストーリーのある授業にできます。

　前述の授業では，「転」を「貫戸さんと親になりきってディスカッション」と設定しました。そこから，貫戸さんや両親になりきって考えるために必要な情報を「起」と「承」で与えておきます。

起	【貫戸さんの意見や思いを理解】 ・教科書本文に書かれた「貫戸さんが国境なき医師団に参加した思い」を理解する ・ディスカッションのため教科書本文をリテリングする
承	【親にとっての心配を理解】 ・スリランカの情勢や医療環境を，映像や写真で理解する
転	・貫戸さんと親になりきって，ペアでディスカッション
結	・数名の生徒のディスカッションをシェア（到達度確認）

　箱書きを使って授業をした同僚は，次のような感想を述べています。

　常に『転』とつなげようとしながら授業づくりをするためか，『起』と『承』では，本当に必要な指導を考えるトレーニングになりました。今までの授業は，教科書を先に進めるために，前から活動を考えていました。『生徒に力をつける』という発想ではなかったことに猛反省です。今は，新しい境地を見つけたようでウキウキしています。

「起承転結」の「転」から考える授業づくりが習慣になると，全体を把握する視点が養われます。タカの目で全体を把握すると，現状を確認するようになります。カーナビなら，それは「拡張画面」で，現在地と全体のコースの関係を把握することにあたります。

　授業がなかなか変わらないのは，現在地の確認や状況把握がされないまま，目先だけを見て，なんとなく授業を始めてしまうからです。メタ認知能力を欠いているということです。大切なことは，授業の最初に，本時のねらいと展開を伝えることです。また，単元の最初に，単元計画を生徒にも伝え，見通しを持たせておきます。いつパフォーマンス課題があるのか，どのような内容なのかを伝えておくと，生徒は日々の授業の活動に意味を見出して取り組むようになります。

　参観者を圧倒するような授業では，学習指導案で授業者の思いや構想がストーリーのように生き生きと語られています。そんな授業では，たくましく育った生徒たちに感動させられます。それは，教師の指導で生徒たちが正しい山に導かれ，正しい学び方を習得しているということです。

2-5 「中間評価」がなぜ大事なのか
生徒と教師が，常に目的と現在地を把握する

キーワード 中間評価／メンタリング／負荷／現在地／協働学習

2-5-1 「中間評価」で何をすればよいのか？

　中間評価を授業に取り入れると，生徒のライティングや発表などの質が一変します。生徒は，気づくことや真似ることに長けており，良いインプットから多くのことを学ぶからです。友だちの作品を見てインスピレーションが湧いた生徒は，作品づくりに没頭しはじめます。このような生徒の姿を引き出すには，何をすればよいのでしょうか。

　通常，パフォーマンス課題で生徒が発表する機会は，各単元で一度きりです。そこで学んだことを活用する場は，しばらくありません。しかし，中間評価で，作品などを生徒同士が相互に評価し，学び合うことで，生徒は自分の作品をバージョンアップさせることができます。他者と比較することで，自分の発表や作品を客観視できるからです。

　もしかすると「パフォーマンス課題は評価をする機会だから，中間評価は取り入れたくない」という考えの方もいるかもしれません。これは，評価を「成績を出すための評価」（Assessment of Learning）と捉えるのか，「生徒の力を伸ばすための評価」（Assessment for Learning）と捉えるのかという違いから生まれています。生徒の成長を「点」で捉えるか，「線」や「面」で捉えるかという姿勢の違いです。

　教師が教えて，その結果を評価するというシステムでは，生徒は常に待ちの姿勢になってしまいます。これからの社会では，「自己評価能力」や「メタ認知能力」を身につけることが不可欠です。それが「主体性」の大元になり，それによって生徒が自律的学習者となっていけるからです。

　もともと，評価は生徒を伸ばすためにあります。評価の目的は，学習意欲を高め，自信をつけることです。だとすると，教師の役割は，生徒にどれだけ力がついたかを的確に測り，さらに伸ばしてやることです。

　これが，「中間評価」の根幹となる考えです。中間評価が単元計画に位置付

けられている授業では，発表の質が格段に高いのが特徴です。教師は中間評価を通して生徒に「もっと頑張りたい」という刺激を与え，パフォーマンス当日は，画竜点睛となる最後の指導を展開します。

　最終評価だけでは，諦めてしまう生徒が出てきます。ですから，中間評価では，到達への見通しと修正点を明確にしてやります。この中間評価は最終評価から逆算して計画し，最初の段階で日程，評価内容と評価方法などを生徒に伝えておきます。

　生徒は発見と模倣の名人です。「これ，いいな」「あのやり方を真似てみよう！」「そうすればいいのか」等々，仲間からの刺激を得ると雨後の筍のようにぐんぐん伸びていきます。

　そこで，中間評価では「メンタリング＊」を活用します。モデルとなる作品に触れて，自分の現在地と改善点を考える機会とするためです。

　本番の1週間前に中間評価を設定した例です。4人グループで，相手を変えながら発表を3回行います。教師が評価をする観点と基準を示し，生徒たちは相互評価をします。そのとき，評価をした根拠を生徒同士で説明するように促します。点数を伝え合うだけでは，何をどう改善すればよいか伝わりません。根拠を伝えられるということは，作品の質を高めるポイントを把握しているということです。その後，モデルとなる生徒に発表してもらいます。

　たとえば，SNSに思い出を投稿するというライティング活動では，教師は「動詞で何か気づくことはないか」と問いかけます。すると，「過去進行形を使って説明していることで臨場感が伝わる英文になっている」「受動態で，登場したものを説明している」のような発見をする生徒が出てきます。必要なのは，教師の「読解力」に裏付けられた視座です。

2-5-2 「中間評価」を成功させる3つのポイント

　中間評価を成功させる教師の指導ポイントを3つご紹介します。

　1つ目は，中間評価では「教師からの問いかけ」が，生徒の学びを促進させるということです。中間発表会をすれば，生徒の発表の質が自然と高まるわけではありません。生徒が自ら気づけるように問いかけ，思考する場面を演出することが，中間評価を成功させる鍵となります。

＊**メンタリング**：人材育成方法の1つで，メンター（育成者）が，メンティー（被育成者）と1対1の関係性を結び，対話やモデルを示すことによって，メンティーの成長を促す方法。

思考し，自ら気づいたことは忘れにくいものです。また，自分で気づいたことであれば，生徒は大いに納得します。

2つ目は，「協働学習の要素」を取り入れることです。社会文化理論の提唱者である旧ソ連出身のヴィゴツキーは，生徒の発達は何かを介して引き起こされると考えました。何かとは，教材を通して学ぶこともありますが，彼は，むしろ，他者との対話が発達を促すことがあると考えました。それが「**発達の最近接領域***」です。大事なのは「足場かけ」です。中間評価でも，足場かけとして，生徒同士で対話できる場面を設定します。自分1人では気づけなくても，他者からの指摘で気づける場合があります。

生徒同士の関係がギスギスしていて，指摘し合うことが難しいのではないかと考えられる場合，中間評価では次のように指示をします。

「それぞれ，相手の発表から，真似たいと思ったことを3つ考えて相手に伝えてください」こうすると，生徒同士の人間関係が少しずつ構築されていきます。肯定的な印象を持ってくれている人とは，良い関係を維持したいと思うからです。良いところを伝え合うことで，教室内が温かい空気感に包まれていきます。

3つ目は，「モデルの選び方と提示のタイミング」です。全体構想が授業づくりの土台となりますから，中間評価でのモデルについても，あらかじめ構想を練っておきます。事前に，生徒に中間評価があることを伝えておくことで，彼らは見通しを持って取り組むようになります。

ジャンルを問わずプロと言われる人たちは，仕上がり状態を最初にイメージしてから仕事に取りかかります。ゴールさえイメージできていれば臨機応変に対応できるからです。

授業も同じです。最初に「つけたい力」「育てたい生徒像（何がどうできるか）」といったゴールの設定をしておきます。教師のねらいによって，どんなモデルを選ぶかも変わってきます。

どのようなモデルを中間評価で見せるか（メンタリング）は入念に考えておきます。単元の導入では，意気込んで「最高のもの」を見せないことが大切です。「そんなの無理」と思われかねないからです。

＊発達の最近接領域：生徒が1人でできる限界と，援助があれば成し遂げられる境界のこと。生徒は，周りとの関わりの中で，自分1人でするよりも多くのことができるようになる。「足場かけ」として，少しだけヒントやアドバイスを与えることで，自分の力でできるようになるという考え。

最初は，「やれそうだ」「面白そう」と思えるようなモデルを意図的に用意します。しかし，中間評価の頃には，ほぼ形になっていることもあり，こだわりも生まれてきています。とっておきのモデルを見せるのは，このタイミングです。提示の仕方を工夫すれば，一気に火がつきます。

ただ，最高のモデルさえ示せば，生徒たちはやる気になると勘違いしてはいけません。必要なのは，やはり教師の「読解力」です。よいモデルを，いつどのように示せばいいかは，学習者の現在地や心理状態を踏まえて，入念に準備します。ほぼ完成に近い段階で示してやると，「もう少しだ」と考えるので，いい意味での「負荷」になります。

第1章で述べられているように，「負荷」は人をやる気にし，「負担」は意欲を減退させます。両者の違いは，「必要感」と「ゆとり」があるかどうかです。私たちの仕事も，前もって知らされていたことであれば，ゆとりを持って取り組むことができます。しかし，急に他の仕事が入ったとき，「させられている」と感じたときは負担に感じてしまいます。

2-5-3 生徒は，中間評価から何を学ぶのか？

生徒は，中間評価を通してどのようなことを学んでいるのでしょうか。アンケートの記述から，生徒の学びを捉えてみることにします。

高校1年で，「オープン・ハイスクールに来た中学生に，高校での経験や学びを語る」という内容のパフォーマンステストを行いました。発表を聞いた中学生が，その高校に入学したいと思うような発表をすることが目的です。

前述したように，発表の1週間前に中間評価を行いました。このクラスでは，相手がより良い発表になるように，お互いにアドバイスをしてもらいました。「話すこと（発表）」の中間評価を経て，発表を終えた生徒たちが，アンケートに，次のように回答をしていました。

友だちに「自分のことをただ話しているだけで，何を伝えたいのかわからない」とアドバイスをもらい，確かにそうだと思いました。相手に何を伝えたいのかをよく考えて原稿を作り直しました。まず，本当に中学生が目の前にいるようにジェスチャーをつけたり，最後に結論である「私は高校で何を学んだのか」「どう変わったのか」を改めて言う1文をつけ足したりすることで，以前より伝えたいことが明確なスピーチになりました。

中間評価でアドバイスをした生徒は，聞き手の立場からアドバイスをしたことがわかります。自分1人で発表練習をしていては，なかなか気づかない視点です。この生徒は発表の構成を作り変えました。トピック・センテンスだけではなく，コンクルーディング・センテンスを追加しました。伝えたい内容を繰り返すことで，よりメッセージが伝わりやすくなります。

　別の生徒は，次のように書いていました。

- -

　　中間評価では，もっと1文ずつのつながりを持たせた方がいいのでは？と話し合いの中で意見が出ました。自分の作成したスクリプトを見直してみると，箇条書きのような文章が多くあったので，howeverやsoを取り入れた文章に変えてみました。英文には，自分の癖が出やすいことに気づくことができて良かったです。

- -

　この生徒は，中間評価でもらったアドバイスを受け，自分の原稿を読み直したことから自分の弱点に気づいたようです。特に話し言葉では，ディスコースマーカーを効果的に使うと，より伝わりやすくなります。アンケートからは，作品を見直す視点を得たことがわかります。

　次の生徒は，中間評価でのアドバイスで気づいたことと，他者との比較で気づいたことについて説明しています。

- -

　　中間評価では，自分で気づいた改善点と友だちからのアドバイスが2つずつあった。まず，自分で気づいたことの1つ目は量が多いこと。読み返してみると，不要な情報が見つかったので省略した。すると，内容や構成が覚えやすく余裕を持つことができた。2つ目は発音。「時間内に話さないと」と焦ってしまって，カタカナ英語になったり，棒読みになってしまったりしていたことに気づき，それを意識してみたら，印象に残りやすく伝わりやすいと感じた。友だちからのアドバイスの1つ目は，単語の使い方だった。「頼る」を辞書で調べたら"calculate"だと出ていたので，それを使ったが，わからないと指摘されて，rely onに変更した。2つ目は間。すらすらと話すと，逆にわかりにくいと言われた。自分でも，録音した2つを聞き比べ，適度な間で話すと自然と抑揚も出て，伝わりやすくなった。

- -

人に向けて発表してみることで，初めて気づいたことがあったようです。注目すべき点は，自分の発表を客観視しているということです。他者の発表を見ることで，自分の発表を冷静に振り返っています。こうしてみると，他者からのアドバイスだけが，学びをもたらす要因ではないことがわかります。

　このように，中間評価を入れることで，生徒の発表や作品の質がみるみる高まっていきます。

キーワード SOSと3K／双方向／即興／導管メタファー

2-6-1 あなたはSOSか3Kか？

　教師は，仕事柄，SOSという癖が身についてしまうようです。SOSとは
（S）しゃべりたがる，（O）教えたがる，（S）しきりたがる，のことです。「生
徒のために」といった思いから生まれた癖なのかもしれません。しかし，こ
れは教師だけの問題でなく，多くの人間が持っている性(さが)だと言えそうです。

　教師のSOSには，第1章でご紹介したような「導管メタファー」の考え方が
根底にあります。教師が，「前の授業で言ったのに，生徒は全然覚えていな
い」と言うのも，「言ったことは伝わっているはず」と考えてしまう導管メタ
ファーが影響しています。その対極の概念として，生徒の3Kがあります。

　生徒の3Kとは，自分で（K）気づきたい，仲間と（K）関わりたい，自分で
（K）決めたい，です。生徒たちは，必要な情報をいつでも検索できる時代に
生きており，人から与えられることよりも，自分で見つけたいという気持ち
をより強く持っています。そして，自分で気づけたときの喜びを知っており，
さらに，自分で気づいたことは忘れにくいことも理解しています。ですから，
教師が答えを言おうとすると，「もう少し待ってほしい」と要求するのです。
生徒が生き生きしている授業では，これら3つのKがふんだんに見られます。

　前述の，国境なき医師団のレッスンでは次のようなことがありました。
レッスンの導入として，貫戸さんが私服姿で現地スリランカの子どもたちと
一緒に撮った写真を生徒に見せました。

　その写真からわかることを英語で答えてもらい，貫戸さんがスリランカに
いる理由を考えてもらいました。生徒たちからは，「現地の子どもの世話をし
ているのではないか」「現地で様々なインフラ技術を伝えているのではない
か」といった答えが出てきました。

　次に用意したのは，医師の服を着て，子どもの胸に聴診器を当てている貫
戸さんの写真です。それを示す前，" Why is she there? The answer is ... this."

と言って写真を示します。生徒たちは,「あ〜」と予想外だった答えに驚いて,顔を見合わせました。

　教師は,答えが何かを言っていませんが,生徒の脳裏にはdoctorという言葉が浮かんだはずです。教師の方から答えを言ってしまっては,そのような反応は引き出せません。

　生徒が求める3Kには,対話が欠かせません。授業は音楽のジャズと同じで究極のinterplayです。相手へのツッコミ,質問などを活かすことで,より深く面白くなります。

　要は,授業を教師による説明ではなく,双方向でのやり取りにすることです。なぜなら,生徒(相手)の「知りたい」気持ちに臨機応変に応えていくからこそ,面白くなるからです。当然,クラスによってやり取りの内容は変わります。授業は「ライブ」だからです。

　もし,教師があらかじめ準備した内容を予定調和でこなしていくとしたら,生徒の表情はどうなるでしょう。用意したプリントやスライドが多くなるほど,教師はそれを使うことに関心が向かいます。生徒とやり取りをする余裕がなくなり,教師の一方的な説明で授業が進められていきます。生徒は,敷かれたレールを歩かされている気分になります。

　一方で,生徒が求める3Kが満たされる授業では,教師がずっとしゃべるのではなく,生徒と情報や知識のピンポンを楽しみながら,時にはツッコんだり,時にはボケたりします。伏線を張っておき,生徒を「あっ!」と言わせます。いずれも,生徒の実態を知らなければできないことです。

2-6-2　生徒が求める3Kがある授業とは？

　即興のやり取りは,ALTとのTTの授業で大いに役立ちます。「生徒が求める3つのK」を授業に取り入れると,水を得た魚のように生徒の表情が生き生きとします。予定調和の授業では,生徒はワクワクしません。教師が意図していなくても,敷いたレールの上を歩かせようとしていることは,すぐに生徒に伝わってしまいます。

　ALTとのTTの授業で,slangという言葉が出てきました。高校1年生の生徒たちは「何?」という表情で周りと顔を見合わせていました。

　先を急ぐ授業であれば,教師は「意味」を教えて次に進んでいきます。しかし,意味を知っていそうな生徒が数人いたので,"Please tell him(ALT) some Japanese slang words."と促すと，「草」「ぴえん」「推ししか勝たん」「ワンチャン」「あせあせ」など出てきました。やがて，他の生徒たちもslangの意味がわかり，周りと確かめ合っていました。

　日本語に大変関心が高いALTが，教えてもらった日本語がどのような意味か，どんな場面で使うかを尋ね，生徒が身振り手振りを交えて必死に伝えはじめると，教室が爆笑で包まれます。

　最後は，ALTが理解したことを英語で伝え，実際に1人2役で演じながら「あせあせ」などを使って生徒に使い方が合っているかを確かめました。

　このような遊び心を生かした学びの場面では，生徒たちはALTに伝えたいという思いで英語を自然と使っています。ALTも授業で楽しさを感じるのは，生徒と英語を使ってやり取りをするときです。

　授業をライブにする，生徒が「気づく，関わる，決める」の3つの要素を授業に取り入れるだけで，授業の質は大きく変わります。生徒がワクワクするのは，自分たちにとって意味のある，関心がある情報のやり取りであることがわかります。

　机間指導は，でき具合，進み具合を確認するためだけに行う活動ではありません。生徒の学習の様子を把握しながら，次の活動につなげたり，気づいたことを生徒へのフィードバックに活かしたりします。

　たとえば，ある生徒がtalk opinionと言っていました。流暢さを求める活動ではなかったので，その生徒に「opinionと相性の良い動詞を選ぶといいよ。辞書でopinionを調べ，例文を比べてごらん」と伝えます。

　「動詞＋名詞」，「形容詞＋名詞」などのコロケーション（collocation：2つ以上の単語の慣用的なつながり）を教えることで，より豊かで正しい英文を目指すようになります。辞書指導の時間をできるだけ授業の中で確保し，「へえ，そうだったんだ！」というアハ体験につなげるようにすれば，無味乾燥な単語学習ではなくなります。

　生徒に教材を与えれば，彼らが勝手に学ぶわけではありません。気づきには，教師の意図的な指示や発問が大切なのです。「実は，このページのある部分に，縦読みメッセージが隠されているけど，わかるかな。探してごらん」。こう言われると，生徒は目を皿のようにして探しはじめます。

　仲間と関わりたいと思わせるには，関わることのメリットを実感させることが大切です。それは，自分1人ではできなかったことができるようになっ

た，気づかなかったことを発見できた，わからなかったことを丁寧に聞くことができた，といったことです。

リーディングにおいても，教師が発問を数題与え，仲間と答えを導き出すということをすると，生徒は意欲的に取り組みます。意図的に答えがばらつきそうな発問を入れておくことで，対話をする必然性も生まれます。このように，自ら気づいたこと，仲間との関わりから深められたことは，もっと追求しようと決心するようになります。

2-6-3 生徒が求める3Kを引き出すポイント

生徒同士が関わり合う場面には，意図的に「ギャップ」が生まれる活動を仕組み，対話を増やす必要があります。ギャップには，情報・意見・根拠（理由）以外にも，価値観，経験値といったものがあります。これらの要素を取り入れた活動にすると，生徒同士が関わる必然性が生まれてきます。

生徒は，自分で決めることを望んでいます。これは，大人と同じです。自分でやってみようと決心したことは一生懸命に取り組みますが，人から指示されたことは，取りかかるのが遅くなります。

生徒が自己決定できる場面を作るには，選択肢を用意することです。たとえば，生徒同士が英語でやり取りをするときも，トピックを複数提示します。その中から，生徒が話したいトピックを選びます。また，生徒が取り組んでいるときに，時間が足りない場合は，あと何分必要かを尋ね，自分で申告してもらいます。生徒を信じて，思い切って任せてみることが「3K型の授業」の真髄です。

学習指導案に教師と生徒の対話を想定して書いてみると，3Kを活用できているかどうかがよくわかります。教師が求めている答えを生徒が答え，滞りなく進んでいく対話になっている場合は要注意です。その場合の教師の発話は，"That's right." や "OK." のような evaluation が多くなっていることです。

一方，3Kを取り入れることが上手な教師の学習指導案には，生徒がつまずく箇所が想定された対話と，そこで教師がどのように働きかけるかが書かれています。そのような教師は，evaluation よりも follow-up や feedback の発話が多いのが特徴です。

生徒の発言を受けて，クラス全体に "What do you think about his idea?" と問いかけたり，発話した生徒に対して "Please tell me more." と深掘りした

りして，生徒の声を引き出します。

　教師に都合のいい予定調和の授業ではなく，日頃から生徒が本当に言いたいこと（内なる声）を掘り起こしています。

　3Kを生かした授業づくりができるようになるには，教師の読解力が求められます。生徒が話したいと思うことや，どのような対話になるのかを予想できるのは，普段から生徒と対話する場面を設定し，生徒一人ひとりの様子を把握しようとしているからです。

　小学校を訪問したとき，canなどを使って日本の文化をALTに紹介するという活動をしました。教師からは，We have（　）.とWe can（　）.という枠だけを与え，内容は自分たちで考えてもらいました。

　既習事項として，いくつかのWH-Questionsや形容詞を習っています。児童は，ひな祭り，お正月，そしてお月見（moon viewing）などを取り上げていました。お月見を選んだ子は，次のように説明しました。

We have moon viewing in fall. We can see the beautiful moon. We can see a rabbit on the moon. It's beautiful. What can you see on the moon?

　自分たちが知っている語句や表現を駆使して，伝えることができる感性の鋭さに，思わず脱帽してしまいます。子どもたちの考えや発想に尊敬の念を抱くと，彼らに委ねる場面を多く設定するようになります。

　教師の読解力は，子どもの実態を捉えようと最大限の努力をし，彼らの心理を考えた授業づくりに直結します。教師の読解力が高まることで，子どもたちの発想や感性に一目を置くようになると，授業に行くのが楽しみで仕方がなくなります。

　一般によいと言われている様々な指導方法や理論を取り入れることも大切なことです。しかし，それらが個別の生徒の実態に即しているかは，教室で日々過ごしている授業者にしかわからないものです。子どもたちの力が最大限に発揮されるような授業づくりは，教師の読解力が基盤となります。読解力は，一朝一夕に身につくものではなく，日々子どもたちから学び取ろうとすることでのみ，身につけることができます。

2-7 「読解力」が身につけば，学びが自分ごとになる
mustの授業からneedsとwantsが溢れる授業へ

キーワード 遊び／自分ごと／自己決定
ツール 情報端末／学習指導案／学習プリント

2-7-1 生徒のneedsとwantsを読み解く

生徒はどんな授業を求めているのか。そして，教師は「読解力」をどう生かしていけばいいのか。それらを考えることは，ICTを使った授業であっても変わりません。

ある高校の国語の授業で，クラスの生徒が情報端末を使って文章を入力していました。どの生徒も一生懸命にタブレットに文章を打ち込んでいる中，ふと，1人の生徒がやっていることに目が釘付けになりました。その生徒だけ，スマートフォン（以下，スマホ）を使っていたのです。「何をしているのだろう」と思い，そっとその生徒に近づいてみました。なんと，彼は，スマートフォンのフリック入力（タッチスクリーン上で指を素早く動かす操作）で文章を入力していたのです。彼の指がとてつもないスピードで動く様子に圧倒されました。

「でも，なぜ，彼だけ？」授業が終わってから，生まれた疑問を授業者に投げかけてみました。すると，その生徒はキーボードを使ったタイピング入力が苦手であり，彼の持ち味を活かすために，スマホの使用を認めているということでした。

多くの学校で，情報端末を使うことが目的になっている授業を拝見します。情報端末は，あくまでも，本時のねらいを達成するために使う手段です。ICTのITとの違いは"C"が入っていることです。つまり，Information and Communication Technologyの下線部が鍵になります。端末に向き合い，入力をすることが大事なのではなく，お互いの出力とやり取りがあってこそ，コミュニケーションは可能になります。個々の能力差をICTが補い，特別な支援が必要な生徒でも自分のペースでできる。仲間と同じ課題に取り組み，他の生徒を驚かすような意見を述べることができる。一律同じことをやらせ

るのではなく，生徒が手段を選ぶという指導に思わず納得しました。

　ゴールのないまま，端末の操作をしている生徒の顔と，後で行われる仲間とのやり取りを想定しながら端末を操作している生徒の顔はまるで違います。それは，タブレット端末を使うことが，自分ごとになっているかどうかの違いです。「自分ごと」は，学習者のneeds（求め）とwants（願い）から生まれてきます。そこにあるのは，教師の求めるmustやshouldではなく，学習者の"I will"（強い意志）です。

　GIGAスクール構想が現場に導入されてから，教師は「とにかく端末を使わなければ」という意識が強くなりました。その結果，「教え込む」という普段の授業スタイルが，そのままICTの授業にも現れてしまったようです。

　教師の最大の関心はクラスの学習規律です。情報端末を使うことで，自分の授業のペースが乱れ，生徒をコントロールできなくなるのではないかという不安が，教師をmustやshouldの考えに走らせました。

　ここで，皆さんが，初めてパソコンに触れたときのことを思い出してみてください。操作がよくわからないまま，時間だけが過ぎたこと，打ち込んだ文章が消えてしまい，途方に暮れたことはなかったでしょうか。それでも，諦めずに取り組んだのはなぜでしょうか。

　「あっ，こうすればいいのか」「わかった。これは便利！」という新しい学びがあったからであり，さらに「必要なものを作る」という目的があったからです。人から言われたことではなく，自分でわかりたい，やりたいという「自分ごと」だから続けられたということです。

　そう考えると，クラスの生徒の学びがそうなっているかどうかを点検してみる必要がありそうです。

▰2-7-2▰ 「選択肢」は自己決定につながる

　生徒のneedsとwantsについて，もう少し考えてみましょう。ちょうどお昼どきです。オシャレな洋食屋さんに入ってみませんか。

　「あ，ハンバーグ，おいしそうだな。エビフライもいいな。オムライスも捨てがたい。うーん，迷うなぁ」。メニューの多さに，つい悩んでしまいますよね。そんなとき，皆さんは，どんなふうに1つのメニューに決められますか。今，何が食べたいか（自分のwants）とか，インターネットの口コミの情報（世間のwants），さらに暑い日（寒い日）という気候や所持金（家計のneeds）などか

ら判断されるのではないでしょうか。そして，最終的には「幸せそうに食べている自分」を想像して，「これにする！」と決めてオーダーされるはずです。

メニューが2つしかない，二者択一（たとえば，カレーかラーメン）のケースと違い，たくさんの選択肢から1つに絞るという作業はなかなかハードです。しかし，思考・判断という能力から考えると，脳が「楽しい」と感じる格好の機会になります。食事と授業は違う，そうお考えになる方もおられるかもしれません。しかし，私たちの脳は，「授業だから」「スポーツだから」と，いちいち区別していません。純粋に，脳が欲していることなのか，はたまた苦手なことなのかだけです。

一度，学習指導案や学習プリントを作ると，「これしかない」という気持ちになってしまいます。しかし，一度作ってからさらに別の学習指導案や学習プリントを作ってみると，不思議と必要な活動がよりクリアに見えてくるものです。どのパターンを選ぶか，なぜそれを選ぶか。複数の指導案の中から，どの活動を組み合わせて50分にまとめるのか。選択の機会は，教師に「教材研究」の面白さを教えてくれます。

生徒に「魅力的な選択肢」を提示する。彼らが迷いながらも，自分で決めて，最後まで責任を持って取り組む。そのような取り組みは，GIGAスクール構想が始まった今だからこそ挑戦できることです。

そのヒントを，幼稚園の運動遊びの中に見つけることができます。幼児教育では，授業に相当するものを「遊び」と言います。ある幼稚園を参観したときのことです。「見て，見て！　さかあがりできるようになったよ！」「ほら，次はフラフープ！」「こんなことだってできるよ」。どの幼児も夢中になって遊んでいます。自分で遊ぶものを見つけて，挑戦して，失敗しながら，やがてできるようになって……。時には1人で，時には仲間と一緒に，というふうにいろんな場面で遊びを満喫していました。

ふと，園内に何か絵が描かれた掲示物があることに気づきました。鉄棒の周辺です。近寄ってみると，鉄棒の技の名前とイラストが描かれていました。幼児は，この掲示物から，いろんな遊び方があることを知ります。真似ながら，やがて運動のスキルを身につけていきます。鉄棒だけではありません。フラフープやボールを使った遊びなど，様々な遊び方が紹介されています。

教師が先頭に立って「さあ，みんなでこうしましょう」という声かけをするのではなく，とにかく幼児が運動遊びに夢中になる環境づくりを工夫してい

たのです。「〜したくなる」は，脳を活性化させる最大のポイントです。遊び方の例示（遊びの環境を「構成」すること）は，どのように遊ぶかを，「自己決定」として幼児に委ねているということです。

「遊び」は，そのまま「学び」となります。幼児教育の運動遊びには「知りたい」「やってみたい」が溢れています。さらに，それは真似から始まり，オリジナルの遊びの創造（活用）につながっていきます。同じように，生徒たちが夢中になって取り組む授業にするには「学びたい」を引き出す工夫が必要です。

情報端末も「環境」として捉えるなら，「端末を使う」という目的型の思考ではなく，「端末も使う」（使える場面で活かす）という発想の転換ができます。そうすれば，授業も大きく様変わりします。

2-7-3 教師目線のルールから「学習者が育つルール」へ

生徒に委ねる場合，何でもOKにすると，やりっぱなし，活動あって指導なしの授業になる可能性があります。大切なのは，どんなルールを作るかです。筆者のもとに届いた相談をご紹介します。

「子どもに自己決定を委ねるなんて難しいです。何をするか，わからないし……。トラブルが増えるのではないかと心配になります。さらに，授業中の使用ルールをどう決めればいいのか。休み時間や持ち帰りのルールをどうすればいいか。もう，悩みだらけです」。

これは，どの先生にも共通の悩みのようです。皆さんは，生徒がどのようにスマホを使っているか，どんなアプリを入れ，日々どう活用しているかをご存知ですか。また，家でパソコンをどのように使っているかという情報はお持ちでしょうか。

学校でとるアンケートでは，端末を使う時間，ゲームの使用など，教師が指導上必要な情報ばかりを求めがちです。確かに，そのようなことも必要ではありますが，学習には活かせません。しかし，「とっておきのアプリはこれ！」「これは便利！　筆者のお勧めアプリ」という発表（例：子どもが書いたものを掲示板に貼り出す）の場を用意すると，あっという間に生徒だけでなく，教師の好奇心も喚起されます。

幼児教育の「遊び環境」と同じです。教師の仕事は，きっかけづくり。教師が「自分が全部知っていないと教えられない」「生徒の前でオロオロする姿は見せたくない」という窮屈で体面を気にした考えでいると，いつもワンパターン

の授業(教師ができることだけ)になってしまいます。生徒が退屈して，時計ばかりを見ているのは，ワクワクするような選択肢が用意されていないからです。

　教師が新しい端末の操作に疎いなら，端末に詳しい生徒をミニ・ティーチャー(技術のサポーター)にして活躍の場を与えることができます。教師が彼らに一目置くだけで，ICTの授業は円滑に回りはじめます。協働学習は，「生徒同士」だけで成り立つものではありません。「教師と生徒のコラボ」も，教師が考える以上の波及効果があります。

　ルールについても同じです。筆者が訪問した学校では，端末の使用ルールは様々でした。休み時間は，必ず充電保管庫に収納させる学校，机やカバンの中にしまわせる学校，自由に使ってもいい学校。学校によってルールは違います。言うなれば，ルールづくりを生徒とともに考えていくことこそが情報教育のルールです。

　神戸市のある中学校の事例を紹介します。この中学校では，まず生徒が自由に端末を使用することを認めていました。そうすると，休み時間にゲームをするようになりました。

　そんなある日，授業中にゲームの音が鳴ってしまいました。教師たちは悩みました。「使用禁止にするのは簡単だ。だが，生徒が納得しないことを押し付けるのはいかがなものか。かといって，自分たちで決めなさい，というものも無責任すぎるし……。どうしたものか」。すると，クラスの学級委員長が申し出てきました。「先生，自分たちでルールを決めてもいいですか」。

　この申し出に，教師はいろめきたちました。早速，生徒たちにルールづくりを委ねてみることにしました。生徒会執行部，3年生の学級委員長が中心となり，自分たちで端末の使用ルールを決めました。自分たちで決めたルールだからこそ，自分たちの責任で守ろうと思います。何よりも，教師から信頼して任されたことにより，「参画」できることを意気に感じたのです。

　人生は全てが「経験」です。予測困難な時代では，失敗をしないで先に進むことは考えられません。失敗を後に活かせるかどうかです。困難にぶつかったときでも諦めず，違う方法を探してみる，仲間と知恵を出し合う。そんな「環境」なら，間違いなく生徒はたくましく育ちます。

2-8 生徒が望む授業はIT型？それともICT型？
ベクトルの向きが異なると育った姿がまるで違う

キーワード 協働学習／双方向
ツール 思考ツール

2-8-1 ICTの"C"を活かした授業づくりを考える

先日，ある中学校を訪問したときのことです。拝見した授業の指導者はM先生。筆者が，以前勤務していた高校でご一緒した方です。その年度になって，中学校に異動されていました。

学習者用デジタル教科書（英語）を活用した授業をされるということで，授業を見せていただくことになりました。筆者の知るM先生の授業は，どちらかと一斉授業のイメージ。おもしろい話で生徒を惹きつけ，教師が詳しく解説をするという授業をされていました。

当日，生徒たちは，デジタル教科書を活用しながら，3，4人組のグループで教科書本文の音読に挑戦していました。彼らは，デジタル教科書で本文を再生したり，途中で止めたりしながら，自分のペースで本文の音読練習をしていました。

生徒から質問があっても，M先生はすぐに答えは言われませんでした。「あなたはどう思うの？」「じゃあ，どうする？」と投げ返し，教師はでしゃばらずに，生徒が自己決定できるように導かれました。

以前のM先生なら，教科書片手に「ここはこう」とか，先頭に立って"Repeat after me."と嬉々として教えておられたところです。それが，今回は自分が教えるのではなく，生徒同士をつなげていかれました。ファシリテーター（支援者）としての役割を果たした上で，さらにはアクティベーター（活性化させる立場）まで演じられていました。

同じ人間が，ここまで変われるものなのか。驚いた筆者は，どうしてもその理由が知りたくなり，目を凝らして観察しはじめました。

授業が終わるなり，筆者はすぐにM先生のところに向かいました。まず，感銘を受けたことを伝え，授業スタイルを変えたわけやきっかけについて尋

ねてみました。M先生は，笑顔でこう答えられました。

....

　「中学校に赴任して，これまでの一斉授業では，生徒がついてこないことがよくわかりました。入試やテストのための知識は，彼らが本当に求めていることではありませんでした。教師の説明がわかるのは，本当の楽しさではなかったということです。彼らが，学び合う活動で見せる笑顔，元気な声は，自分が教えているときは見たこともない姿でした。そのとき，目が覚めました。教師が丁寧に教えなければ，とずっと考えていたのは，自分の思い上がりでした。生徒は，自ら学び取る力を持っていたんです。今は，本当に授業が楽しい。彼らのおかげです」。

....

　M先生は，生徒に寄り添い，その潜在能力に感動したからこそ，今までの授業を変えることができたのです。以前，同僚だったM先生のまさにIT型からICT型への変化は本当にうれしいことでした。

　残念ながら，ICT教育を推進している学校の多くは，まだまだそのような状況ではありません。筆者が行政の仕事を始めてから，間もなく持つようになった授業の違和感について，正直にお話しします。

　GIGAスクール構想が現場に導入され，どの授業でも生徒はタブレット端末に向かっていました。しかし，何だか変です。生徒が見つめているのはずっと画面。教師の「終わった？　じゃ，次はそれを使って英文を書いてみて」という指示に従い，黙々と授業を受けています。時折，生徒たちから聞こえる声も，「できた？」「やり方がわからん」という不安げな声ばかりでした。

　思わず身震いをした筆者は，同行した指導主事と顔を見合わせました。彼も険しい顔をしていました。そのとき，「あっ」と思いました。謎が解けたのです。筆者が持った違和感は，授業に温もりが感じられなかったことでした。職員室でパソコンとにらめっこをしている教師と，教室の生徒の姿がダブって見えたのです。

2-8-2　ICTの授業では「わからないこと」こそが大事

　教師が教えようとすればするほど，生徒は受け身になります。むしろ，授業で彼らの「わからない」を意図的に作り出す工夫をすれば，やがて彼らはムズムズしはじめます。わからないこと，モヤモヤした気持ちは心地よく感じ

られないからです。教師が「何かわからないことがあれば，手を挙げて言いなさい」と言っても，生徒は顔を見合わせて黙っています。無反応なのは，言っても取り上げてもらえないことを知っているか，クラスが「わからない」と言える雰囲気になっていないからです。そのような学習者の心理を読み取れず，「自分の説明でわかっている」と自分本位に判断してしまっては，後から定期テストの結果に愕然とするだけです。

　ICTはツールなのですから，工夫次第で「わからない」ことに対しても活用することが可能です。たとえば，次のようにしてみます。

・わからないことがあれば，随時，チャットに投稿できるようにしておく。
・授業の中間点，最終地点で，教師の発問や本時の内容が理解できているかどうかを確認する。（各自がチャットに書き込む）
・生徒の意見を教師だけが読む，仲間の意見が全て読めるなど，用途に応じて設定を変えられるようにしておく。

　わからないという思いはなかなか口にはできません。しかし，その思いを端末で文字にすると，気軽に共有できるようになります。

　授業で一人ひとりに応対していると，時間がどんどん延びてしまいますが，チャットなら一斉に打ち込むので3分程度で終了します。

　さっと確認して，共有したい考え，取り上げなければならないつまずきなどを即座に見つけることができます。有効な指導のポイントは次の2つです。

　1つ目のポイントは「無記名」を認めることです。匿名なら，生徒は安心し，思ったことやわからないことを書こうとします。授業で最優先することは，クラスの居心地の良さです。「このクラスならできる」という安心感，所属感は，学力向上に欠かせません。

　2つ目のポイントは，せっかく共有された本音をどう扱っていくかです。ここが教師の腕の見せ所。次のような質問をします。

　「今，○○ということでわからなくて困っている仲間がいます。誰かヒントをあげてくれませんか」「では，○○についてもう一度考えてみましょう。グループで話し合っても構いません」。

　このように，仲間のわからないことに対してどう考えていくかを個人，グループで考える時間をとります。教師に聞けないことでも，友だち同士なら

積極的に教え合うようになります。やがて，教室のあちこちで「あっ，そうか！」という声が上がりはじめます。

「友だちのわからないことに対して，自分が答えられなかったとき，もっと勉強しなきゃと思いました」「わからないことを，友だちと一緒に考えて，やっと答えがわかったときの嬉しさが一番記憶に残っています」。そんな生徒の声が，仲間の疑問や思いを共有することで，得意な子も，そうでない子も，学びが深まることを教えてくれます。

今まで，筆者は「自分は教師だ」というプライドが邪魔をして，生徒に寄り添うという考え，彼らのわからない思いを共有しようという考えはありませんでした。しかし，「わかるってホントに楽しい！ 友だちがいるからこそやる気になれる」というコメントを読んで，心が大きく揺さぶられました。

これを読んで，クラスの生徒たちの顔を思い浮かべられた読者の皆さん，チャットの声をどう活かせばよいか，教科部会で話し合ってみてください。教師が協働学習（チーム・プレイ）のロール・モデルを示せば，クラスの生徒たちも温かい集団になっていきます。

2-8-3 ICTのトラブルも「コミュニケーション」で乗り越える

端末の活用が進めば進むほど，様々なトラブルも起きてきます。ただ，モグラ叩きのように対症療法をしても，教師・生徒ともにストレスがたまるだけでトラブルの根絶にはつながりません。では，どうすればいいのでしょうか。まずは，現実に起きているトラブルの例をいくつか挙げてみます。

・共同編集のアプリでクラスメートが作った部分をうっかり消してしまった。
・教師が把握していないアプリなどで，教師の指示を守らず，生徒同士がやり取りをしてしまう。

これらのことは，教師と生徒の間で，最初に「ルール」が話し合われていなかったことが原因です。学習規律や授業のルールは，教師が授業をやりやすくするために作るものではありません。学習者の**人格形成**（教育の目的），そして**概念形成**（学習の目的）を図るために設定するものです。教育は，生徒の生活的概念を，計画的かつ系統的に整理し，科学的概念（普遍概念）にまで「**転移**」させる役割を持っています。学習規律や授業のルールが学習者の納得感につながれば，その役割が有機的に機能するようになります。

バックボーンとなるのは，教師が信頼されることです。信頼できない，嫌

いな教師が設定したルールや指示には，説得力がありません。「この先生の言っていることなら聞ける，聞きたい」という生徒が育つには，教師の方から心を開き，声をかけること，指導の手間暇を惜しまないこと（彼らは，教師の手抜きを敏感に察知します）。そして，わかる・できる授業づくりのために努力を惜しまないことです。それを痛感させられたのが，高校3年の最後の授業で生徒が書いた感想でした。

先生の授業は，他の授業と違ってグループ学習が多く，生徒が中心となって進んでいきました。わかったのは，つながりの大切さです。先生が，筆者たちを信頼して任せてくれたこと，最後まで関わってくれたことから，やる気になれました。わからないことも，グループの友だちに気楽に聞けて，楽しく授業ができました。

生徒が求めているのはIT（技術の習得，使い方）ではなく，ICT（仲間とのコミュニケーション）であることがよくわかります。何でも言い合える集団が育っていけば，インターネットをはじめとする様々なトラブルに対して，教師が心配しなくても，仲間同士の自浄作用が働くようになります。教師の言葉だけの指導よりも，共に学び合う仲間の声の方が，遥かにトラブルの未然防止に役立つものです。

第2章では，いかに「読解力」が思考する際の土台になり，学力を高める鍵になるかを紹介してきました。教師が，生徒の内なる声に気づき，それを読み解く「読解力」は，授業づくりの根幹になると言っても過言ではありません。

また，最後に触れたICTは手段であり，特別なことをすることでも，それを用いること自体が目的でもありません。班の発表やスピーチという手段と同じです。まずは，それぞれの授業や言語活動にどんな目的があるかを明確にすることです。なぜなら，目的によって活動内容は大きく変わるからです。

WORD，EXCEL，PowerPointといったソフトは，使う目的が違います。普段から，私たちは，Google maps，乗り換え案内，YouTubeといったアプリも，目的に応じて使い分けています。車を購入するときも，使う目的によって選ばれる車種は異なってきます。日常生活では，全て目的が明確になっていなければ，私たちは行動を起こせません。

しかし，授業になると，途端にその目的が消えてしまい，目標にシフトされてしまうようです。本時で「つけたい力」を身につけるのに，ICTが有効であればそれを使う。マッピングやマンダラート（後述），さらには小黒板（ホワイトボード）が有効ならそれを使う。手段は「活用」するものです。教師の「読解力」が高まれば，これらの手段を「活用」する授業を日常化させることができます。それがワクワクする授業の「種」となります。

第3章
教師の「要約力」を鍛えれば, 授業が生まれ変わる
「引き算思考」で生まれる活気のある授業

第3章の内容とつながる格言
（Related Quotes）

＊格言は, 自分が「そうか！」と納得できたとき, 「名言」となります。

It may not be easy. But that doesn't mean it can't be done.
—Babe Ruth

Who looks outside, dreams; who looks inside, awakes.
—Carl Jung

Whatever you can do, or dream you can, begin it. Boldness has genius, power, and magic in it.
—Johann Wolfgang von Goethe

It always seems impossible until it's done.
—Nelson Rolihlahla Mandela

3-1 学びを豊かにする「引き算思考」
「引き算思考」で授業をリフォームする

> **キーワード** 引き算思考／欲張らない／自己決定／主体性／
> ゆとりと自由度／協働学習／対話型授業／優先順位
> **ツール** 学習指導要領（正しい読み解き）

▶ 3-1-1 足し算思考*から「引き算思考」**へ

　第3章では，「要約力」について述べます。目標に向かって無駄を削り，指導に軽重をつけ，内容をシンプルにできる力がつくと，授業がガラリと生まれ変わります。

　"Time is up!"これはH先生お得意のセリフでした。タイマーで活動の時間を調節していきます。生徒は，きびきびと動き，先生の指示通りに活動に取り組みます。タイマーの音を聞きながら，「今日も予定通り進んだな」と，H先生は時計に目をやります。

　ある日，生徒の振り返りに「もうちょっとじっくり考える余裕がほしいです」と書いてあることに気づきます。学習指導要領が改訂され，パフォーマンス課題，文法や語彙の増加，端末の活用など，扱うべきことは増える一方で，新しい活動を取り入れなければと考えていた矢先の出来事でした。

　「時間がいくらあっても足りない」。H先生はその悩みを英語部会で投げかけました。隣に座っていたF先生が言いました。「授業づくりの発想を"足し算"から"引き算"に変えてみてはどうですか」。「引き算？」怪訝そうな顔のH先生に，F先生はゆっくりと話しはじめます。

....

　　授業が食品を詰め込みすぎの冷蔵庫のようになっていませんか？　冷蔵庫で食品をできる限り長くおいしさを保って保存するコツは，必要な

---

*足し算思考：and（それから）であれもこれもと活動を加えていく考え方。ブレーン・ストーミングなどでアイデアを集めたり，広げたりするときに有効。

**引き算思考：or（それとも？）で必要な活動を精選していく考え方。限られた枠の中で，無駄を省き，整理をしていくときに有効。

ものだけを厳選することです。食品と食品の間に
"すき間"をつくることで冷気の流れもよくなり,
庫内も見渡しやすくなります。授業も同じで,活動
と活動の間に"間"をつくると,対話が生まれ,活
気のある授業に生まれ変わりますよ。"引き算思
考"で本当に必要な活動だけを精選してみてはど
うでしょう。

「自分の授業は"足し算"だったのか?」H先生は,"引き算"をする発想が
全くありませんでした。"間"をつくるイメージがわからなかったH先生は,F
先生の授業を参観してみました。これはH先生がとったメモの一部です。

・生徒が伸び伸びと英語を使っている。
　→ゴールまでの流れが明確で,活動と活動がつながっている。
・生徒の発言を拾い,そこから新しい対話が生まれている。
　→生徒が自分の意見や考えを伝え合う時間が非常に多い。

　H先生はF先生の授業を複数回見学することで,"間"のイメージがなんと
なく見えてきました。当初,活動と活動の間に"休憩"のような時間をとるこ
とかと思っていましたが,そうではありませんでした。それは,生徒の思考
を引き出すために,「生徒に任せる時間」を設けることでした。対話を楽しむ
生徒の姿は自分の教室の生徒の姿と大きく違っていました。F先生の授業で
は,生徒が設定されたゴールに向かい,前のめりになって学んでいたのです。
　驚いたことに,F先生の授業ではTTに結びつかない活動や日常の帯活動
はスパッと省かれていました。「これが引き算思考で作られた"間"を活かし
た授業か」とH先生は,深くうなずきました。

3-1-2 「3つのチェック・ポイント」で活動を引き算する

　早速,H先生は「引き算思考」で授業づくりに取り組みはじめます。F先生
に教わった3つのチェック・ポイントを使って授業を組み立てることにしま
した。

❶ 「単元でつけたい力は何か」を最初に考えておく。
❷ どの活動も「何のためか」を常に自問自答する。
❸ 生徒が「自分で思考する場面」を必ず入れる。

　第1章に書かれているように，単元のゴール設定の羅針盤は学習指導要領です。学習指導要領の大きな目標を単元の目標に落とし込むと，今まで何の疑問も持たずに行ってきた活動の「目的」がはっきりしていないことに気がつきました。そのような活動は，削ります。たとえば，（　　）内の語句だけを入れ替えるパタンプラクティスの活動を削り，やり取りの力を育てるために，Small Talk を取り入れることにしました。

　このように❶と❷を繰り返すうちに，自分の授業づくりが“足し算思考”だったことがよくわかりました。生徒ができていないことを探し，良かれと思って活動を増やし，いつも活動に追われている生徒には思考する時間（＝間）はほとんどありませんでした。

　引き算思考で作られた授業では，教師の説明や指示が多い授業と違い，生徒の思考の時間や自由度が増えます。「生徒が思考する時間が増えるということは？」H先生は，自分に問いかけます。「それは，生徒一人ひとりのリアクション，発言や発想が多様になることだ。大喜利のように，機転を働かせて，頭と心に残る授業を展開するということか……自分にそんな対応力があるだろうか？」H先生は不安になりました。今までの計画通りに進めてきた自分の授業とは真逆のスタイルだったからです。

　さらに，❸の「生徒が思考する場面」を設けることで，生徒から多様な答えや「モヤモヤ感」（スッキリしない気持ち）が出てくるようになりました。これらの多様な考えや質問に対して，教師が右往左往していては，授業が混沌としてしまいます。臨機応変に指導をするためには，生徒の発言やつまずきを想定し，授業準備をすることが必要になります。

　そんなことができるだろうかと不安を吐露したH先生に，F先生は言いました。「生徒が活動している間は，教師に時間ができます。生徒の声に耳を傾ければ，生徒の情報が得られます。生まれた時間と情報を使って，次の活動をコーディネートするのです。

　「とにかくやってみよう」とH先生は，生徒がそれぞれマッピングを使って言いたいことを整理した上でペアで対話する活動を取り入れました。すると，

いつも原稿を準備して英文を暗記して話すのが当たり前になっていた生徒が，マッピングを参考に即興で話すようになりました。不安そうにしていた生徒も，H先生が手立てとして準備したヒントカードを使ってやり取りを楽しめるようになっていきました。「絶対できない」と思い込んでいた生徒同士のチャットも，つながりはじめました。

今までの「パターン通りの指導」は影を潜め，生徒はどんどん自分の考えを表現したいと思うようになりました。H先生が"My Hero"というテーマで行った活動での生徒の変容の一例をご紹介します。

Before （1人発表）

- -

This is my hero. He is good at basketball. He can play basketball very well.
He practices it every day. He is nice. I want to be like him.

- -

After （情報端末で写真を見せ，ペアまたはグループでやり取り）

- -

A: Look at this picture. This is my hero. He is my brother, Kota.
B: Kota, your brother! How old is he?
A: He is 17 years old. He can play basketball well. He practices it every day.
　 My father is our coach.
B: Really? Your father can also play basketball. That's nice.

- -

H先生は，生徒が「できなかった」のは，彼らの可能性を否定し，活動を制限していた自分自身が原因だったことに気がついたのです。

3-1-3 「引き算思考」は，教師の指導観をガラリと変える

「もう，これまでの授業には戻れません。今の授業の方がはるかにワクワクします。目が覚めました」。

しばらくぶりに授業を参観した筆者に向かって，H先生は力強く言いました。ずっと自分のスタイルにこだわっていたH先生でしたが，生徒の変容を目の当たりにし，授業のやり方が変わっていきました。生徒に自由度を与え，思考する場面を増やしました。H先生が行った改善点をいくつか挙げます。

・聞き手のリアクションのレパートリーを増やした。相手の発言を繰り返す，感想を伝えるなど，まずは指導者が意識的にリアクションし，生徒

の発話を促すようにした。

・チャットをした後,「どこでどんな質問をすれば話が広がったり,深まったりするか」を考えさせた。

・生徒の発言や文章に対してツッコミの質問,感想などを入れた。

　それまで,H先生は,まさに詰め込みすぎの冷蔵庫のように"すき間"のない授業をしていました。「引き算思考」で授業の無駄をなくし,活動の軽重や優先順位を判断する力（要約力）を鍛えると,少しずつ生徒の変容が見えてきました。

　そんなH先生に,「"インタビュー・マッピング"（QR）をしてみてはどうか」と提案しました。この言語活動は,筆者自身が,授業を根本から変えるきっかけとなった活動です。ペアで,あるトピックについて,一方が質問をしながら,その答えをどんどんマッピングしていくチャット活動です。効果が現れたなと感じたのは,"My hobby"のスピーチをしたときです。

　一人ひとりが教卓のところに立って,イラストを見せながらスピーチをします。スピーチのあとに,質問タイムを設けました。そのときに生徒が使ったのが,インタビュー・マッピングの活動中に使っている質問でした。学んだことをどんどん活用できる。つくづく,生徒たちは「学び」をつなげる天才だと感心しました。

　「話したい,伝えたい,相手のことをもっと知りたい」という気持ちが育てば,生徒は自ら文法を学びはじめ,語彙を増やそうと努力します。自分で学びたい気持ちは強い動機となり,学習の必要感を生み出します。

　H先生は最初,「2分間も同じ話題で話せるのか？」と何度も思いました。しかし,3か月後,H先生はこのように振り返っています。

　「生徒たちが自信を持って,楽しそうに英語を使うようになりました。英語が苦手で,課題から逃げていた生徒が,インタビュー・マッピングの活動で,「みんなと話をしたいから」と家庭学習をするようになりました。自学ノートの提出率がほぼ100％になったことにはびっくりしました。ALTも生徒の反応の良さに驚いています。自分自身の指導観が変わることで,ここまで生徒たちの学びの姿が変わるということに驚きを隠せません」。

「引き算思考」で本当に必要な活動だけに精選された授業は，生徒の主体性を引き出し，学びを豊かにします。そして，3つのチェック・ポイントの視点は，生徒主体の授業づくりを可能にします。

　H先生の生徒も自分の成長を以下のように実感しています。

　　インタビュー・マッピングは，友だちとたくさんコミュニケーションできるし，忘れていた単語なども思い出せるのでとってもいいです。最近は質問もどんどんできるようになって，ますます楽しくなってきました。ALTの先生と英語で会話するときも，前はそんなに続かなかったけれど，すごく続くようになったので，力がついてきたんだなと，嬉しくなりました。（中2）

　生徒が英語を使う必然性を感じ，コミュニケーションの楽しさを実感すれば，学びが自ずと主体的になります。これまでの授業では出てこなかった感想が手元に届くようになりました。H先生は生徒のつぶやきを活かした対話型の授業を楽しむようになりました。対話を楽しむ生徒の姿が，H先生の指導観を変えたのです。

▌3-1-4 学習指導要領には，「引き算思考」のヒントが満載

　授業改善の楽しさを実感したH先生は，さらに授業力を高めたいと思うようになりました。F先生には「授業改善で困ったときは学習指導要領に戻って」と教わったので，生徒が楽しそうに取り組んでいる「対話」について，学習指導要領にはどんなことが書かれているか読んでみようと思いました。

> 　特に，やり取りにおいては，<u>話の切り出し方や質問の仕方</u>，その内容などが会話の流れや方向性を決めることが多いため，<u>自ら話のきっかけを作ったり対話を始めたりすること</u>や，会話の流れに応じて関連する<u>多様な質問を即座にしたりする</u>場面をさまざまな言語活動の中に設定することで，会話を継続する力が習慣的に身につくようにしたい。（下線は筆者）

　やり取りの力をつけるために，どんな指導が必要であるか，何をすればいいのかというヒントが満載でした。H先生にとって，学習指導要領は「難し

い」イメージがあり，あまり身近なものではありませんでした。しかし，じっくり読んでみると，自分が授業でできていること，いないことの診断ができることに気がつきました。たとえば，話の切り出し方や質問の仕方など，確かに丁寧に指導した記憶があまりありません。

会話を継続・発展させるために必要なこととして，

① 相手に聞き返したり確かめたりする

　（Pardon? / You mean ..., right? など）

② 相づちを打ったり，つなぎ言葉を用いたりする

　（I see. / Really? / That's nice. など）

③ 相手の答えを受けて，自分のことを伝える

　（I like baseball, too. など）

④ 相手の答えや自分のことについて伝えたことに「関連する質問」を付け

　加える（What kind of Japanese food do you like? How about you? など）

　などが考えられる。

　生徒が使う表現を思い返すと，これらの表現の中には使えているものもあれば，全く使えていないものもありました。「ここにある表現を授業で意図的に使っていこう」とH先生は早速，意識して使うようにしました。また，「コミュニケーションを円滑にする表現例」も参考にして，活動に取り入れていきました。すると，Let me see. やwell などのつなぎ言葉を用いて会話をする生徒が現れはじめました。困ったときにすぐに日本語が出てしまう生徒が減ったことも嬉しい変化でした。

　学習指導要領には，言語活動の充実だけではなく，活動後の振り返りについても詳しく述べられています。活動中の生徒が使用した英語についての全体での振り返り，指導した英語についての生徒自身の振り返り，場面に応じた適切な表現方法を確認する振り返りの機会を与えることも重要だと書いてあります。H先生は，言語活動後の指導のヒントも手に入れることができ，フィードバックを大切にするようになりました。生徒の振り返りを使って指導することで，教師がはじめからくどくどと説明するよりも，生徒の気づきを全体に投げかけ，考える時間を持たせる方が，より生徒の記憶に残ることもわかりました。

具体的な指導のイメージがつかめてきたことで，生徒への指示もより明確になり，言語活動が充実していきました。ただ対話の力をつけたいからと，やみくもにチャットをさせるのではなく，学習指導要領に書いてあるヒントを加え，活動をアレンジすることで，生徒も飽きずに活動に取り組むことができます。

　Ｈ先生は，学習指導要領を読むとやることが増えると考えていました。しかし，「引き算思考」で授業の活動を精選し，生徒の思考する場面を充実させたいと考えるようになった今は，学習指導要領は授業改善のヒントの宝庫だと感じています。「授業改善で困ったときは学習指導要領に戻って」というＦ先生のアドバイスに感謝しながら，今日も元気に教室に向かいます。

3-1-5 「引き算思考」でテストも「リフォーム」

　3-1-2でご紹介した3つのチェック・ポイントは，定期テストの改善にも活用できます。今までは，知識・理解の定着の確認が中心で，授業でやったことを暗記していればある程度解けるという問題が主流でした。

　ところが，改訂された学習指導要領では，「知識・技能」は実際のコミュニケーションの中で使える力，「思考・判断・表現」は目的や場面，状況に応じて表現できる力を育成するよう指導することが求められています。したがって，テストの問題もそのように見直すことが求められています。定期テストの内容を見直すためには，

① 授業で学んだことを自分なりに活用する問題

② 与えられた情報や状況から判断し，自分なりの答えを導く問題

になっているか検証する必要があります（QR）。

　ベテランのＡ先生は，テストの採点を終えた後，自分のテストが授業とリンクしていなかったことにため息をついていました。

　「全国学力・学習状況調査」の問題に似せた問題を作成すればよいと考えたことは間違いでした。単元計画に基づくテスト作成を行わない限り，生徒は，授業でやってもいないことが「設問」で出される意図がわからず，混乱してしまいます。単元計画を綿密に行い，授業でつけた力が発揮できるテストを作成することで，初めて「つけたい力」から逆算した問題が作れるようになるのだと反省しています。（下線は筆者）

「目標と指導と評価の一体化」で大切なことは，単元構想（授業でつけたい力）が先にくるということです。A先生は，自分が作成した問題を見返しました。生徒に習熟する時間を十分与えていなかった，できるように指導していなかった部分についても欲張って出題していました。それらの問題の正答率はいずれも30％を下回っていました。

きちんとした単元構想がなければ，生徒は学習の見通しが立てられません。また，授業中の活動で取り組んだことがテストに活かされなければ，生徒の学習意欲は減退していきます。

A先生は「テストの結果＝生徒の努力の結果」ではなく，あくまでも「教師の指導（授業）の結果」であるという原点に立ち返ってみました。

学習評価（テスト）は，授業中の言語活動で育成した力を「活用」できるようにすること，英語が苦手な生徒でも，やりがいを感じるものにすることが大切です。授業で取り組んだこととテストの設問がつながるよう，テストと授業をつなげる教師の構想力が求められています。

テストの目的について，「引き算思考」の3つのチェック・ポイントをテストづくりに置き換えて考えてみます。

❶ 「単元でつけたい力は何か」を最初に考えておく
　授業で「つけたい力」とテストで確認したい「身についた力」とはコインの表裏の関係です。テストが授業と乖離した特別なものになっていないか，成績をつけるために事務的に加算されていないかを振り返ります。
❷ どの設問も「何のためか」を常に自問自答する
　ひとつひとつの設問が何のために設定され，何の力を測るものか，その結果をどう次の活動に反映させるかという展望を持ち，テストを作成します。
❸ 生徒が「自分で思考する場面」を必ず入れる
　「思考」とは，記憶の中から覚えている答えを見つけること（暗記）ではなく，自分の頭で考え，あれこれ迷って自分なりの答えを導き出すことです。そのためには，設問は「目的・場面」や「状況」を明確にし，誰に，何のために伝えるのかを考えさせ，生徒が表現方法や段取りを考えながら取り組めるものにします。

テストが完成したら，「診断」をしてみましょう。各設問が何の力を測るた

めのものであるか，その力をつけるために授業でどんな活動をしたか，付箋などを使って書き出してみるのです。書けない場合は，授業とテストがつながっていない可能性があります。授業でついた力がテストで発揮できれば，生徒は自ずと授業を大切にするようになります。

3-2 生徒を「知的」にハングリーにする「マスキング」
自分で考えるからこそ, 知りたくなる

> **キーワード** 自己決定／間／推論発問／評価発問／当事者／
> 知的にハングリー
> **ツール** マスキング

3-2-1 生徒の「生の声」が教えてくれたこと

　中学校に勤務するK先生は, 生徒の英作文がどれも同じような内容になることに悩んでいました。定期テスト後にとったアンケートでも英作文は生徒にとって力がつくと感じる活動になっていないことがわかりました。アンケートで「力がつく活動」と「力がつかない活動」についてたずねたところ, 次のような回答が生徒から返ってきました。(　　)は, 力がつかないと判断した生徒が書いたその理由です。

....

力がつく活動
・スピーチ　・リスニング　・Small Talk　・友だちと英語で会話をする
・班学習　・ALTとの会話　・ALTの疑問に答える　・音読発表
力がつかない活動
・教科書などを見ながらやるプリント学習
　(答えが決まっているからおもしろくない)
・穴埋め会話(自分で考えたことではないので楽しくない)
・音読(リピートだけでは, どう発音すればいいかわからない)
・英作文(いつも何を書いていいかわからない)
・早読み音読(読み方がいい加減になる。自信にはならない)

....

　回答を見てK先生は驚きました。一見食いつきがよく, 楽しそうにやっているように見えたゲーム性のある活動は, 多くの生徒が「力がつかない活動」に挙げていました。

　一方, 力がつくと答えた活動のほとんどが, 「思考」を伴うアウトプット活

動，仲間と協働する活動や発表でした。

　K先生は，自分が「楽しさ」の質を勘違いしていたことを大いに反省しました。授業で生徒に**知的飢餓感***（eager to learnの状態）を与えられていないことに気がつきました。そこで，1つの正解を求める「穴埋め」問題ではなく，多様な答えを引き出す「マスキング」を授業に取り入れることにしました。

　「穴埋め」と「マスキング」にはこのような違いがあります。

穴埋め

　短時間でねらいを特化できる。答えを暗記させるために使う。文法事項の定着や，「事実発問」として使われる。正答が1つしかないことが多い。

（例）I ＿＿＿＿ ＿＿ go to Australia. / ＿＿＿＿ food do you like?

マスキング

　前後の文脈や場面から多様な答えが生まれ，生徒の自由な発想を引き出すことができる。"なぜ"や"どのように"を問う「推論発問」「評価発問」の原点になる。

（例）I ＿＿＿＿＿＿＿, so / but / because I want to go to Australia.

　上の穴埋め問題では日本語に合わせてwant toを入れるだけですが，下のようにマスキングにすると，下線部にはlike animals / want to see koalas / am interested in English など多様な答えが生まれます。なぜその表現を入れたのか，答えの根拠を示す必然性も生まれ，協働学習につながります。答えが1つではないので，生徒は安心して下線部の中身を考えます。仲間の考えと自分の考えとのギャップに「発見」や「ひらめき」が生まれ，知的好奇心がかき立てられます。マスキングは，学習を「自分ごと」にし，生まれた"こだわり"は，表現の定着につながります。

　生徒の反応に手応えを感じたK先生は，「今日はどこを隠して，生徒のワクワクを引き出そうかな？」と果敢にマスキングに挑戦しています。

3-2-2 マスキングは生徒の「遊び心」を引き出す

　マスキングは，学習者の知的飢餓感を大きく刺激します。いくつもの選択

***知的飢餓感**：生徒が自ら知りたくなる，答えを探したくなる知的にハングリーな状態。

肢の中からベストマッチを自分で選ぶという活動は，教師から与えられる課題にはない魅力に溢れています。マスキングを活用すると，生徒のパフォーマンスに次のような効果が期待できます。

---

❶ 自分に任されている，という使命感を持つことができる。

❷ 相手の立場になり，相手に伝えたいという意欲が生まれる。

❸ 目的が明確で，必然性があり，取り組んでみたいと思える。

❹ 互いの考えを認め合える場面が生まれる。

❺ 仲間との交流を通して，ヒントや改善点が得られ，作品の質を向上させることができる。

多様な答えが生まれ，異なる意見が出てくるマスキングを使うと，安心して自分の意見を伝えられる雰囲気が出てきます。クラスに多様性が生まれることを心地よく感じられ，クラスのムードも温かくなります。

K先生の学校には，2学期から新しいALTが来ます。これまでなら，「自己紹介をしましょう」のように特に工夫せず課題を与えていたK先生ですが，今回は，"マスキング"を使って，次のように課題を設定し，生徒に示しました。

ALTの先生が学校に来ることを楽しみにし，（　　　　！）と思えるような学校紹介をすることができる。

生徒は，「私は（あなたの中学校面白い‼）を入れたい」，「僕は（もっと知りたい！）を入れる」など，いろいろな考えを言いはじめました。こうして，目標設定の段階から，自然に生徒同士の対話が生まれました。自分で設定した目標を目指し，それが実現できる紹介文を考えはじめました。（放課後一緒に部活をしたい！）と目標を設定したYくんはこのような紹介を考えました。

....

Hello, my name is Yudai. Please call me "YU". Look at this picture. We enjoy club activities after school. I'm a member of the baseball team. Our team is not strong, but we practice it very hard every day. Thank you.

....

紹介を聞いた友だちは，「ALTの先生が一緒に野球がしたい！って思うかな？」とツッコみました。確かに，これでは一方的に紹介しているだけだと考えたYくんは，次のように問いかけを加え，野球を一緒にしたいと誘う内容に変えました。

．．．

　　　Hello, my name is Yudai. Please call me "YU". Look at this picture. We enjoy club activities after school. <u>Do you like baseball？</u> I'm a member of the baseball team. Our team is not strong, but we practice it very hard every day. <u>If you're interested in baseball, let's play baseball together. I'm a pitcher. I want you to hit my balls!!</u> Thank you. （下線は，生徒が自分で後からつけ加えた表現）

．．．

　目標を生徒が自己決定すれば，課題が"自分ごと"になります。（　　！）を自分で考え，その目標を達成するために内容を考えることは，相手に寄り添う表現を考えることにつながります。

　K先生は生徒から次々と生まれる表現を通して，「言葉は，誰かを想う気持ちを表現するためにある」ということを感じずにはいられませんでした。生徒たち自身が「ALTの先生のために，学校に興味を持ってもらうために」と相手のことを考え，取り組んだ結果，生まれた表現だからです。作品はどれもそれぞれの個性が光っていました。

　K先生はこの取り組みを通して，教師が主役の授業ではなく，生徒が主役の授業づくりをしたいと考えました。引き算思考で，教師が教え込む時間を減らし，生徒自ら動き出すような課題設定をすることの大切さを学びました。生徒に知的飢餓感を与えるマスキングは授業づくりの「転（＝生徒がハッとするきっかけ）」となります。

3-2-3　自己決定で，課題が「自分ごと」になる

　自分で（　　）の中身を決めるという「自己選択・自己決定」は生徒の言語活動を豊かにします。「どうしたら，生徒の中にある"表現できること"と"表現したいこと"を結びつけることができるか，を常に考えていました。そして，マスキングを活用することで，生徒が既習事項を使って，自分の伝えたいことをうまく伝えるにはどうしたらいいだろうと考える授業が，少しずつ

できるようになりました。マスキングの魅力にどんどんはまっています」とK先生は振り返ります。

　このように，マスキングによって生徒には既習事項を活用する力がつきます。生徒は，友だちの考えや表現を「その表現いいね」とすぐに取り入れることもあります。その過程で「もっとうまく伝えるには？」と生徒は知的にハングリーな状態になり，思考を深めていきます。学びがbeing involvedの状態，つまり学習の当事者になって互いが高め合う状態になっていくのです。

　その効果をさらに高めるためには，「どこを隠すと生徒が前のめりになるか」という視点で，教材研究をすることが鍵になります。

　帯活動で行うSmall Talkでも，毎回のトピックを全て教師が指示するのではなく，生徒が自己決定することもできます。

　お気に入りのものを紹介するトピックでは，次のように生徒に示します。My favorite（　　　　）is ....の（　）は生徒が自由に決定します。自分で（　）の内容を決めることが難しいと感じるなら，（drink / school lunch / subject）のように例を示して選択させます。すると，生徒の目がパッと輝きます。「どれにしようかなあ！」と選んだトピックは，生徒自身が魅力を感じたものだということです。このトピックなら，英語でいろいろ言えそうだと自分で判断したという意味です。自分で選んだことは，「頑張って最後までやろう」という自己責任にもつながります。

　生徒が選んだそれぞれの内容には，「これを伝えたい」という，とっておきのメッセージが含まれています。聞き手にとっても，質問が生まれやすく，やり取りも活発になります。活動が終わった後も，生徒の心に残るので，英語で要約を書いたり，レポーティング活動につなげたりすることにも楽しんで取り組むようになります。

　生徒の表現活動を充実させるためには，彼らの「伝えたい思い」を引き出す課題を与えることが大切なのです。生徒が話したり，書いたりした表現の中に，「自分の思いを伝える言葉」が使われているかどうかを常日頃から意識し，キャッチするようにします。生徒が思っていることを把握しておくと，どこをマスキングすれば盛り上がるのか，どんな選択肢を用意すればいいかなど，（　　　）を決める際に役立ちます。

　マスキングに取り組んだK先生は，1年をこう振り返っています。

「『引き算思考』で授業をつくり，マスキングを効果的に活用して授業を進めていくことで，これまでなんとなくやっていた授業に，明るい展望が持てるようになりました。

　パフォーマンステストも，生徒に原稿を書かせ，それを覚えて発表させることばかりしていました。今回のパフォーマンステストでは「○文以上話しなさい」という条件は求めませんでしたが，目標を自己決定することで，相手意識が高まり，多くの生徒が以前より発話量が増えたことが一番の驚きであり，生徒に起きた大きな変化です。新しく来られたALTの先生も生徒とのやり取りを楽しんでいました。

　自分でトピックを選べるSmall Talk，目標を自己決定できるパフォーマンステストは，生徒たちの内側から「もっと伝えたい」「聞いている人にわかってほしい」という意欲を引き出しました。生徒の変容を実感できたことは，自分にとって大きな財産となりました。

　「マスキングには，生徒を（　　）効果がある！」。すでに読者の皆さんは，この（　　）に入れるいろいろな言葉が思い浮かんでいるはずです。隠されると「知りたくなる」，「考えたくなる」。マスキングは，そのように人を「夢中にさせる」のです。

3-3 授業をあえて「未完成」にする
7割の準備，3割の「余白」が対話とこだわりを生む

> **キーワード** 遊び心／7対3の黄金比／のりしろ／推論発問／
> 評価発問／自分ごと
>
> **ツール** Teacher's Manual（創造的な使い方）

3-3-1 「遊び心」が学習者ファーストの授業を作る

　授業で生徒が思考する場面を作るためには，引き算思考で活動を精選し，自己選択・自己決定ができる時間を生み出す必要があります。授業研究・準備というと，プリントやスライドを作ることだと考える方も多いかもしれませんが，授業が間延びしないよう，全ての活動をあらかじめ準備してしまうと，生徒が思考を楽しむ"遊び＝ゆとり"を作ることができません。

　対話を楽しむためには，発問の質にもこだわりが必要です。1つしかない正解を求める事実発問だけではなく，推論発問や評価発問を，バランスよく取り入れます。このことについては，すでに第1章で書かれている通りですが，これらの発問によって生徒の思いが引き出され，価値観偏差（価値観の違いを楽しむこと）や多様性が生まれ，「もっと聞いてみたい」「伝えたい」という思いが溢れます。"What do you think?"や"How do you feel now?"と問いかけながら，即興で思いを紡ぐ場面を作ります。予定調和で進める授業にはない喜びがそこにはあります。

　授業を旅行に例えてみます。行程が分刻みで，休憩時間も決められているような旅行を好まれる方もいると思います。ですが，たとえば壮大な景色に感動し，もうしばらくたたずんでいたいと思ったときに「はい，あと3分で移動します」と言われると，その景色を楽しめず，なんだかモヤモヤしてしまうかもしれません。

　授業でも生徒の活動を指導者が仕切り，思い通りに活動を進めるのではなく，生徒と即興でやり取りを楽しむ遊びの時間を設定します。その遊びの時間に出会った表現こそが，生徒の記憶に残る言葉として定着していきます。

　事前の授業準備は7割程度にとどめ，残りを生徒に委ねる時間にし，言葉

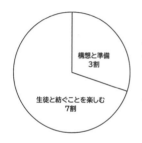

構想と準備
3割

生徒と紡ぐことを楽しむ
7割

を紡ぎ合うことを楽しみます。「7：3」という割合は人が最も美しいと感じる比率で「黄金比」と呼ばれています。即興で紡ぐ「3割」が，「7割」の学びの質を高め，言語材料や表現が「自分の言葉」として定着する大切な時間になるのです。

予定調和の，自己流の授業から脱皮する大きなヒントになるのが，教科書のTeacher's Manual（以下TM）です。それは教科書の「取扱説明書」と言えます。なぜなら，現場のプロ教師が関わって作成したTMには，生徒が驚く題材のネタや発音指導，語法について豊富な情報が詰まっているからです。発問，オーラルイントロダクションなどのヒントも満載です。TMにある流れや発問を参考にすれば，自分にはなかった指導の視点に気がつき，授業の無駄を削ることができます。そこで生み出された3割のゆとりを使って生徒が自分で考える場面を作ります。これを繰り返すことで，依存的な（指示待ちの）学習者ではなく，自律した（思考する）学習者が育っていきます。

筆者は，TMをヒントに，バスケットボールを扱った単元を工夫してみました。トピックが生徒たちにとって一気に身近になりました。

ある生徒はやり取りの後，"I was not interested in basketball. However, Mr. Foster, our ALT, is a big fan of basketball. I didn't know that basketball players from Ghana were active in Japan. I want to talk with him more about basketball."と書いていました。

これは，"What did this program make you feel?"という自己表現を促す「評価発問」を繰り返し，対話を重ねたからです。授業が滞りなく終わるように準備をするのではなく，3割の"遊び"を工夫することで，授業が「学習者ファースト」に生まれ変わります。

3-3-2 「遊び」は生徒の学びを後押しする

授業に3割の「ゆとり」を設ける目的は，生徒が「話したい，伝えたい！」と主体的に取り組む活動を仕組むためです。指導者の「これを教えなければならない」「テストまでにここまで進まなければならない」といったmustやshouldの考え方ではなく，単元のゴールを明確に設定し，「伝えたい」「この表現を使いたい」といった生徒のneedsやwantsを大切にした授業をデザイン

します。そのためには，生徒の実態を十分理解した上で課題設定や時間設定をすることが不可欠です。

　Aくん（中3）という生徒がいます。彼は英語に対して苦手意識を持っています。プリントで文法の問題を解くときは，そばで教えてやらないとなかなかペンが進みません。ですが，自分の興味のあることを伝える活動では目の輝きが違います。ある単元で，自分の意見やエピソードを交えてチョコレートについて語る，という活動を行いました。自転車が大好きで，ロードバイクを持っているAくんは，「チョコレートはロードバイクの補給食にぴったりだ」ということを伝えたいと必死になりました。「補給食」と調べても友だちには伝わりそうもありません。これまでに習った表現を使ってどう伝えるか考えた末，"Chocolate gives me energy when I'm hungry while riding my bike."という表現にたどり着きました。これならみんなに伝わりそうだと納得したAくんに「この前の宝物紹介で使った自分のロードバイクの写真を見せながら伝えたらどう？」とアドバイスをしました。Aくんは早速，最近手に入れたロードバイクの写真を見せながら，友だちに一生懸命チョコレートについて語りだしました。

　プリント学習では身につかなかったgiveやwhenの用法が，自分の表現として使えるようになったのは，教師の中にAくんの「伝えたい！」を引きだすゆとりがあったからです。写真を使うというアドバイスができたのも，チャットで，Aくんが嬉しそうに新しい自転車の写真を説明している姿をキャッチしていたからです。

　この単元の前に行った「友だちに紹介したい自分の宝物」の活動で生徒が準備した写真には，学校生活だけでは知ることができない情報が溢れていました。多くの「伝えたい！」や「知りたい！」が詰まっており，話を広げるきっかけになりました。

　日頃から教師が，生徒の興味関心や思いを引き出し，生徒理解を深めることが次の活動にもつながります。それらを感じ取る力（読解力）を鍛え，ここぞという場面で，知っている情報をつなげることができれば，生徒の表現内容も広がっていきます。

　生徒がじっくり考える「ゆとり（＝遊び）の時間」があることは，安心して「わからなさ」に向き合う時間があることだとも言えます。「言いたいことはあるけど，どう言えばいいかわからない」というモヤモヤ感を仲間と共有し，

考えることで生まれる「そうか！」は「思考を深めるのりしろ」となります。

　人は飛び上がるとき，一旦しゃがみ込んでから，膝の屈伸力を使ってジャンプします。このしゃがみ込む「溜を作る」動作は「必要な力を集中させること」（大辞林）を意味します。「思考を深める溜」があるからこそ，学んだことが記憶に残り，自分の表現として英語が身についていきます。カバンに作られる「襠」も同じです。ゆとりがあることで，厚みのある物を入れることができ，カバンも破れにくく，丈夫になります。

　この「溜」と「襠」の発想を授業に活かします。教師は，生徒に問いかけておきながら，待てずに，すぐに答えを言ってしまうときがあります。そんなときは，ぐっと我慢して「溜（自分で考える時間）」を使うのです。教師の「遊び心」（ちょっと面白くしてみよう）の入った課題を与え，生徒の「言いたい」を引き出します。そして，教師は個々の考えに感心しながら，深掘りをしていきます。さらに，周りの子どもたちにも What do you think? と聞いていきます。遊びによって好循環が生まれていく瞬間です。

3-3-3　題材に惚れ込むと「遊び心」が生まれる

　高校に勤務する教員歴3年目のU先生は，1年生の英語の授業を3人で担当していました。指導計画とワークシートの提案はベテランのY先生です。ワークシートは，新出単語の確認，大まかな内容把握の聞き取り，詳細はQ&A問題で確認し，最後に要約をするという流れになっていました。

　U先生は，Y先生がワークシートを授業でどのように活用しているのかを確認することはありませんでした。とにかく，進度に差が出ないように取り組ませる授業を行っていました。

　そんなある日，留学を考えている生徒がU先生のもとにやってきました。「先生の活動は家でもやれます。授業でしかやれないことをやってほしいです」。その生徒はU先生に涙ながらに訴えました。

　どうしていいかわからなくなったU先生は，同じ1年生担当のW先生に相談をします。W先生は「Y先生の授業を見に行ってはどうか」とU先生にアドバイスしました。

　早速，U先生はY先生の授業を見学に行き，生徒の様子に驚きました。Y先生の問いかけに対して，生徒は学習内容を「自分ごと」として捉え，生き生きと対話をしていました。要約の場面では，数名の生徒が教壇に立ち，自分の

意見を伝えていました。そのとき，教科部会でY先生が話していたことを思い出し，ハッとしました。

「大まかな流れはこんな感じで。でも，教科書の題材に指導者がどれだけ惚れ込んで，自分ごととして捉えて問いを立てるかが，生徒のアウトプットにつながるからね。大切なのは"遊び心"。困ったらいつでも授業を見に来てね」。

Y先生の言葉をすっかり忘れ，進度が遅れてはいけないとばかり考えていたU先生は，生徒と対話を楽しむことも，題材を掘り下げる余裕もありませんでした。U先生は，題材に"遊び心"を持たないまま，黙々とワークシートをこなす授業をしていただけでした。

U先生はW先生の授業も参観し，W先生も生徒の個性や学習状況を把握し，生徒との対話を楽しんでいることがわかりました。同じワークシートを使っていても，三者三様の授業になること，自分は生徒のことを全く見ていなかったことがわかり，U先生は愕然としました。

U先生は，自分の授業はカーナビと前方だけを凝視し，目的地に時間通りに着くことばかり考える味気ないドライブをしているようだと思いました。目の前に広がる海，緑の田園地帯，新緑の山々に感動することもない単調なドライブです。題材が変わろうが，同じスタイルで淡々と進むだけの授業は，生徒にとっても面白いはずはありません。

2人の授業を見て衝撃を受けたU先生が，まず取り組んだのは，「題材に惚れ込む」ことでした。生徒が興味を持っていることと絡め，ハッと顔が上がるような情報を探し，問いを考えてみました。

教科書では，建築家，坂茂さんを取り上げた教材を扱っていました。坂さんは，自然災害に遭って困窮している人々に対して，紙で作られた仮設住居を提供する建築家です。彼に関する動画を検索し，避難所の問題なども取り上げ，生徒に与える問いを考えました。

> ・プライバシー？　それともコミュニティ？　どちらを重視する？
> ・ペットは家族か？

授業を変えてほしいと訴えた生徒は，自分自身が飼っているペットを連れて避難するかということをテーマに，堂々と自分の意見を発表しました。U

先生は，彼女の楽しそうな姿を見て，安堵するとともに，授業を見直すチャンスをくれた彼女に感謝しました。

▌3-3-4 「遊び心」のある課題が生徒の心を揺さぶる

U先生は，W先生から，授業改善について3つの視点をもらっていました。

❶対話に必然性が持てるような課題を工夫すること
❷生徒が自ら思考したくなるような問いを立てること
❸自分なりの答えを伝えたくなり，仲間の表現に触発されて自分の表現力をもっと高めたくなるような介入をすること

U先生は，W先生からの授業改善の視点を踏まえ，生徒へのおしつけではなく，生徒が自ら考えたくなる課題づくりに挑戦しつづけました。その結果気がついたのです。

「目的・場面・状況」を具体的に提示することにより，課題が教科書の学習という感覚ではなく，仲間とコミュニケーションを深めるためのものであるという感覚を持つことができた。生徒は，どう表現すればよいかを考えるようになった。教科書本文の読み取りでは，登場人物の心情なども考えさせることで，書かれている内容にも着目する生徒が増えたように思う。生徒のみならず，教師も教科書の題材を楽しむ感覚が身につき，最後に自分なりの答えを見つけるというゴールを明確に持つことができた。進度を気にしていた頃は，全く余裕などなかったが，今は生徒との対話を楽しんでいる自分がいる。　（下線は筆者）

課題によっては，自らALTに質問をしに行く生徒も出てきました。同じことをするにしても，生徒が「伝えたい！」という気持ちがあるかどうかで，パフォーマンスに違いが生まれるということにU先生は驚きました。U先生は，課題を作るということは，生徒と生徒，生徒と教師のコミュニケーション，対話の場面を作ることだと気がついたのです。

生徒にとって必然性のある課題が，生徒のアウトプットの力だけでなく，対話の力や聞く力の向上にもつながります。課題が「自分ごと」であれば，生

徒のプレゼンテーションの内容も違ってきます。内容の充実は，聞き手の「聞いてみたい」という気持ちにつながります。

　課題設定において大切なのが，「誰に対して伝えるか」を明確にすることです。「理想のロボットをつくろう」という課題も，「あなたの学校の問題点を解消するために，校長先生に向けて理想のロボットを紹介しよう」とすれば，より身近で具体的に捉えやすくなります。伝える相手を意識することで表現内容が深まります。発表の内容が深まるほど，聞き手も巻き込まれ，意見を述べたくなり，対話は活発になっていきます。

　U先生は，さらに「どのロボットが学校にとって必要か」と投げかけました。するとどのグループも前のめりになってディスカッションを始めました。U先生は生き生きと話す生徒の姿に感動しました。生徒がさらに夢中になる「目的・場面・状況」を工夫するため，U先生は，これまで以上に生徒の思いに耳を傾けるようになりました。教師の「課題設定能力」が，生徒の対話力や傾聴力（相手意識）を高め，互いに心が揺さぶられるような対話を生み出したのです。

3–4 意図的な「間」と「空白」が「深い学び」を作る
「要約力」が生徒の思考を深める

キーワード モヤモヤ感／余白／のりしろ／間／ゆとり
ツール 学習指導要領（正しい読み解き）

3-4-1 「深い学び」って何？

　教育実習生を初めて担当したM先生が，職員室に戻るやいなや，筆者のもとへやってきて言いました。「先生！　深い学びってどういう状態なんでしょうか？　実習生に聞かれて，答えられませんでした」。そう聞かれて，筆者も答えに詰まりました。自分の言葉で説明できなければ，理解していることにはなりません。

　深い学びについては，文部科学省発行の「小学校外国語活動・外国語研修ガイドブック」に次のように記載されています。

深い学びとは，

① コミュニケーションを行う目的・場面・状況等に応じて思考力・判断力・表現力等を発揮する中で，言語の働きや役割に関する理解や外国語の音声，語彙・表現，文法の知識がさらに深まり，それらの知識を聞くこと，読むこと，話すこと，書くことにおいて実際のコミュニケーションで運用する技能がより確実なものとなるようにすること。

② 深い理解と確実な技能に支えられて，外国語教育において育まれる「見方・考え方」を働かせて思考・判断・表現する力が活用されるようにすることである。（下線は筆者）

　これを読んだだけでは，教育実習生にわかるように説明ができそうにありません。さらに読み進めます。

　たとえば，6年生「Unit 5 My Summer Vacation」では，ゲーム等を通して感想を表す形容詞（nice, exciting, delicious等）を練習し，知識や技能を身

につける。その後，夏休みの思い出について伝え合う活動を行う。伝える内容を整理して，I went to the sea. I ate fresh fish. It was delicious. という表現を選んで伝え合ったとする。この時，deliciousはただ単に「おいしい」という意味ではなく，<u>伝える内容を整理する中で，海で食べた新鮮な魚の「あの味」の記憶とともにdeliciousの語の意味が学び直されることになる。また，自分の伝えたい内容のために語句や表現を選択する中で，niceでも伝わるかもしれないが，「あのおいしさ」はdeliciousの方が適切だというような理解の深まりも起こるだろう。</u>このように目的・場面・状況に応じてコミュニケーションを行う言語活動の中で知識・技能がより深く学ばれていく。（下線は筆者）

　外国語における「深い学び」とは，何かを伝える目的・場面や状況の中で，「どうしてもこれを伝えたい！」という気持ちを学習者が持つことから始まります。「どう表現したら自分の思いが一番伝わるだろうか」と考え，自分の持っている語彙の中からどんな表現を使えばいいかを思考している状況の中で「深い学び」が実現するのではないでしょうか。自分が引っ張り出してきた単語や英文に「特別な思い入れ」がある状態をつくりだすことが教師の役割です。

　大事なのは，「それはどういうこと？具体的には？」「あなたの考えは？」と教師が**「深掘り」***の質問をすることです。言いたいことがあるのに，表現する言葉が見つからない。頭ではわかっているつもりなのに，うまく説明できない。そんな「モヤモヤ感」に，1人で悩んだり，みんなで解決したりする時間こそが，生徒にとって大切な「思考」の場となり，生徒はそこで学びを深めます。教師が，意図的に考える時間（＝間）をとることも大切です。わからないことをシェアし，友だちの考えを互いにいいねと認め合いながら学び合う場を教師が意図的に作ることが「深い学び」につながります。

3-4-2 「モヤモヤ感」が生み出す思考力

　小学校の英語の授業での出来事です。Small Talkで，ある児童が「モヤモヤ感」を抱いていました。「〜は好きですか」は聞けるけれど，「〜は嫌いです

***深掘り**：新たな分野，知識などを開拓するのではなく，すでにあるものに対し密接な関係を築くこと。

か」と嫌いなものを聞きたいと思ったようです。教師がdislikeやhateという単語を教えることは簡単ですが，担任のH先生は児童に「この場合，どうしたらいいと思う？」と問いかけました。しばらくして，ある児童が手を挙げて言いました。「"I don't like fish. How about you?"はどうですか？」。クラスが一斉に「なるほど！」と納得しました。

限られた表現の中で，自分が伝えたいことをどう伝えられるかを教室全体で考えることを，繰り返し指導しているH先生の教室には，何とか言いたいことを伝えようとする思いが溢れていました。

児童の多様な表現を引き出すために，「こんなことが言いたいけれど，どうやって言えば伝わるかな」「○○さんが言っていることに対して自分はどんなふうに答えよう？」と教師が問いかけます。こうやって生徒の「モヤモヤ感」を意図的に作り出し，ペアでその意見を交換し，全体で共有すれば，そこには多くの気づきが生まれます。自分で気づいたことは，自分の言葉として定着していきます。

このような場面は，授業に「間（＝余白）」を作る「ゆとり」がないとつくることはできません。教師が「読解力」を高め，「今が指導のタイミングだ！」と常に生徒の「モヤモヤ感」をキャッチしようとする姿勢が大切です。気づきの多い授業を展開できる教師は，この「モヤモヤ感」をどこで，いつ抱かせるのか，ということも考えて授業デザインをしています。

プロの噺家の話や作家の作品は「間」の置き方が絶妙で，聞き手や読み手を置き去りにしません。考えさせられたり，共感できたり，気づけばそのストーリーに自分自身が入り込んで夢中になっています。聞き手や読み手をどうやって自分の世界に巻き込むか，プロは高い相手意識を持ってその演出を考えます。その「間」の取り方，高い相手意識は大変参考になります。授業で，教師が一方的に説明すれば，生徒は受け身の姿勢で聞くしかありません。しかし，どうすれば前のめりになって聞くだろう？　自分から考えたくなるだろうと想像しながら授業を組み立てることは，噺家や作家がストーリーを考える過程，伝え方を演出する過程と共通するものがあります。

たとえば，ある情報を与えた後，「ほら，ちょっと考えてみてごらん。どう思う？」と投げかけて，考える「間」を取ります。たった数秒程度であっても，聞き取ったばかりのことを頭の中で反芻し，理解しようと考えます。「これから説明することには2つポイントがあります。後で隣の人と確認します」と説

明の前に一言添えておくだけでも，聞き方が変わります。自分の考えが大切にされ，自分の気づきが英語の力になると実感すれば，「次の英語の授業も楽しみだ」とワクワクが生まれます。

　生徒の「モヤモヤ感」に誠実に向き合い，H先生のように絶妙のタイミングで「どうすればいいと思う？」を繰り返すことで，生徒は思考を楽しむようになり，安心してわからなさを表現するようになります。

　「間」をとるタイミングを考えて授業を行うと，"静寂の時間"さえも楽しめるようになります。不思議なことに，今まで引き出せていなかった生徒の思いが，くっきりと見えてきます。

　もし，時間節約のため，（　）に語句を入れて完成させる課題を与えているとしたら，「こんなことを言いたいんだけど…」と生徒が「モヤモヤ感」を共有できる課題解決型の活動にしてみてはいかがでしょうか。教師がなんでも自分でまとめ，答えを教える授業では，学習に不可欠な「これを英語で伝えたい」という「必要感」が生まれません。授業の無駄（欲張った内容）を削り，本当に生徒の力になることが何なのかを見失わなければ，一人ひとりの想いを引き出すことができます。

3-4-3 「間」を作る名人の「思考する音読」とは？

　生徒の音読を聞けば，その英語力が瞬時にわかります。内容を理解していないと，区切る場所が違っていたり，発音やストレス，イントネーションがおかしかったりします。「音読」で生徒を深い学びへと誘う授業名人がいます。彼らは，「間」を作る名人です。生徒たちはただ音読がうまいだけでなく，"あること"ができるようになります。

Sakura: It smells good. What are you eating, Gen?

　Gen: Hi, Sakura. I'm eating *takoyaki*.

Sakura: *Takoyaki*? What's that?

　Gen: *Takoyaki* is a Japanese ball-shaped snack people often eat.

　　　　It has a piece of octopus in it.

Sakura: Let me try. Mmm, it tastes good!

（ *Sunshine English Course* 3, 2021, 開隆堂出版）

音読で鍛えられている生徒は役者や声優のように，その「場面」を生き生きと表現します。たとえば，2行目のセリフは，口をもごもごさせながら読んだり，Genはあいさつをする前にタコ焼きを食べきる「間」をとって読んだりするかもしれません。もちろんLet me try.の後にすぐにはおいしいとは言わず，味を確認しながら，もごもごしながら"Mmm ..."と延ばしながら読むでしょう。

授業名人は，テキストをどのように読むか，その根拠を考えさせながら音読指導をしています。場面や状況を，英文からイメージできるような読解力を育てています。正しい「音読」ができるということは，本文に込められたメッセージに気づき，場面や状況に応じて，適切な「間」を入れたり，イントネーションを工夫したりできるということです。

これらの力を育てるための音読指導については，いくつか段階があります。第1章にも書かれているように，黙読をして情景を頭に描き，どう読めばいいかを想像する段階から入り，つまずかずに正しく読めるようになるステージを経て，最終的に教科書を片手に，演じながら読む「演読」につなげます。最初の黙読でイメージがつかめていれば，どこで「間」をとるか考え，場面に合わせた読み方ができるようになります。

正しい音読が習慣になると，リスニング（自分で正しく読めないものは聞き取れない）やリーディング（語順のまま高速で理解できる）の力にも波及していきます。さらには，音読によって刷り込まれたチャンクやフレーズが自然に出てくるようになり，ライティングやスピーキングの力が伸びます。その効果を実感した生徒はアンケートに音読の重要性についての気づきを書くようになります。

・「間」を考えたり，「どう読むか」を考えて読んだり，演技をすることで，文章の流れから意味を理解することができるようになりました。教科書を読むことが楽しくなりました。表現の方法がわかるようになってよかったです。

・演読をするようになって，暗記しなくても英文が頭に入るし，大きな声で話すことができるようになった。今は楽しく動画撮影できるし，ジェスチャーなど入れて表現できるようになった。　（下線は筆者）

脳は「記憶」と「思考」をセットにすると，長期記憶に移行しやすいという特徴があります。他のペアが行っている演読を聞くことも効果があります。生徒が「あ，その動きもありだ！」「そんなセリフが入れられるのか！」とギャップを感じることで，ワクワク感や「なるほど！」という納得が生まれます。多様な答えを出し合って交流する中で，教科書本文と向き合い，より深く思考することで，知識が定着していきます。

　授業名人は，どの生徒も内容を正しく理解し，その意味内容にふさわしい音読ができるよう，責任を持って指導することが当たり前になっています。「正しい音読指導の先に豊かな表現活動がある」「音読は生徒の英語力の土台になる」ということを実感している教師の教室では，生徒の音読の声の張りが違い，ワクワクが溢れています。

> **キーワード** 引き算思考／欲張らないこと
> **ツール** 学習指導要領

3-5-1 プレゼンテーション・ソフトは「万能」ではない

　身の周りを見渡してみましょう。日々の生活に，どんな電子機器が使われているでしょうか。スマートフォンやパソコンだけでなく，掃除ロボットやAIスピーカーなど，便利な電子機器がどんどん増えています。たとえば，掃除ロボットを活用すると，毎日の掃除の時短ができ，大事なことに時間をかける（家族と過ごす，趣味を楽しむ）ことができます。

　授業で活用できる電子機器というと，電子黒板，それに投影するプレゼンソフトなどが挙げられるでしょうか。若手の先生は，電子機器の操作が得意な方が多く，授業でよく活用されているようです。

　採用3年目のK先生もその1人。K先生は，「毎時間，電子黒板を使って授業をしています。だから，GIGAスクール構想の推進はばっちりです」ととても自信を持っておられました。

　K先生の授業を見てみると，電子黒板を見事に使いこなし，デジタル教科書やPowerPointを投影してどんどん書き込んでいます。きれいに整ったスライドを披露しながら，K先生は説明をしていました。PowerPointを使うと，情報が簡単に示せるようになります。そのため，教師はつい欲張ってたくさんの情報を提示しようとしてしまいます。

　しかし，生徒の深い思考を引き出すためには，むしろ「引き算」が重要です。情報が足りないことが，学習の飢餓感，必要感を生むからです。

　ICTツールは，教師のおしゃべりを充実させるためのものではありません。生徒の学びが充実するためのツールです。K先生のICTスキルなら，生徒の意見を引き出すために，もっと有効に活用できるのではないかと思い，授業の後，K先生とじっくりと話す時間をとってみました。

　最初，プレゼンソフトを活用する前と後で，教師の発話量がどう変わった

か，また，生徒の学びにどんな変化があったかをK先生に聞いてみても，ピンとこなかったようでした。そこで，筆者が撮影していたビデオを一緒に見てみることにしました。すると，K先生は次の2点に気づきました。

① PowerPointを使うと，教師が話す時間が増えている
② 教師が説明している間，生徒の頭の中はアクティブになっていない

「教師の説明をただ増やしていくだけでは生徒の学びにつながらないのですね……」少し落ち込んだ様子のK先生に，「時間の無駄をどうなくせばよいかを考えてみませんか」と声をかけてみました。話し合いの後，生徒の学びのために授業を整理してみると言ってK先生は去っていきました。

それから1か月が過ぎ，彼から連絡が入りました。「来週の授業を見ていただけませんか」授業当日，筆者は，期待と不安を持ってK先生の勤務校に向かいました。すると，どうでしょう。

今までPowerPointを使って10分以上かかっていた説明が5分に減っていました。生まれた5分間は，生徒が考える時間に充てられていました。生徒たちの表情を見ていると，真剣に考えながら聞く生徒が増えていました。K先生は，短期間の間に，教師のくどい説明を見直し，既習の知識を活かした短時間での導入，スライドのスリム化を心がけるようになっていました。

K先生は「引き算思考」ができる教師に変身しました。それと同時に，ICTの活用の目的が明確になり，有効活用ができるようになったようでした。

3-5-2 スライドを「引き算」すると本質が見えてくる

先ほどのK先生が活用されたプレゼンテーション・ソフトのメリットとして，写真や映像など視覚的な支援をしやすいこと，色の工夫でポイントの明示と視認性を高めやすいことがあげられます。板書の時間を短縮できる，一度準備すると他のクラスでも使える，といったこともメリットです。

一方で，長時間の使用は眼に負担がかかりやすい，消えた瞬間に記憶からも消える，わかったつもりになりやすい，途中で内容を変えられない，作っているうちにスライドの数が増えていく，といった問題点もあります。

特に，「内容を変えられない」というのは，「予定調和」の授業になってしまう可能性があるということです。作られたスライドは，一見，全てつながっ

ているように見えます。しかし，実際は，作られたスライドの重要性は，全て同じではありません。順に，座布団を積み重ねるようにして作成すると，指導の優先順位や情報の軽重が消えてしまいます。

そこで，スライドを作ったらそれで終わりにするのではなく，一旦，冷静になって，スライドをプリントアウトし，それらを順に並べてみることをおすすめします。赤ペンを片手に，重複がないか，使うスライドの順序は本当にそれでいいか，次時の内容を欲張って入れていないかをチェックしてみてはどうでしょうか。

さらに，生徒の面白い考えや大事なつまずきが出てきたらどこで扱うか，などを想像しておきます。また，整理しやすいように，スライドにテーマや番号を入れて，「現在地」をわかりやすくしておきます。これにより，全体を俯瞰的にみられるようになります。

教材研究とは，プリントやスライドを作ることではなく，作った後，それをどう使うかを考えることです。もしかしたら，こっちの方に向かうかもしれないという場合を想定して，2つ目，3つ目の案を入れたスライドも用意しておきます。

A-B-C-Dの4枚を使うとしたら，BのところにB′とB″の違う種類のスライドも用意しておき，いざというときは，それに差し替えます。こうすれば，無理に自分の持っていきたい方向にこだわることがなくなります。通してスライドを順に見せるのではなく，パーツに分けて作っておくことで，それらを臨機応変に入れ替えることができます。

たとえば，電子黒板（スクリーン）を利用して，生徒が自分の端末でつくったものを共有しながら発表している場面では，発表者に焦点が当てられることが多いものです。

しかし，発表を聞いている生徒に注目してみるとどうでしょう。つまらなさそうにしていたり，ぼーっとしたりしているときがあります。

このような状況に一石投じることができるのも，ICTの新しい使い方となります。たとえば，端末でつくった作品をそのまま電子黒板で発表するのではなく，あえて全員が閲覧できるようにしておきます。

ICTの学習では，生徒が考えや作品をすぐに全員で共有できるという利点があります。活動中であっても，すぐに良いモデルを知ることや仲間の意見や思いに触れることができます。

授業では，お互いの作品を閲覧した後，質問会を開きます。すると，仲間の思いを聞きたくなるし，自分のものと比較したくなります。仲間の作った作品と自分の作った作品とを比較したり，仲間の作品のいいところを真似したりしながら，聞き手自身も自己更新ができます。

ICTを有効活用すれば，教師の意識が変わります。生徒の学びを可視化することができるからです。それぞれから提出された作品を元に，一人ひとりの学びに「てこ入れ」をしていけば，「個別最適な学び」（「指導の個別化」＋「学習の個性化」）を実現できます。そのためにも，個々の実態（学習履歴，興味・関心など）を活かし，「引き算思考」で単元計画を練り，生徒の主体性を引き出す課題を用意することが大事になります。

3-5-3 「引き算」はこんな場面でも活用できる

教師が「引き算」できる力を持つ，つまりは「要約力」を発揮するということは，情報，時間，場面などの取捨選択が正しくできるということです。すると，授業にメリハリが生まれ，本当に大事なことに焦点を当てた指導ができるようになります。これは，ICTを活用する授業でも同じです。次の3つの場面での事例をご紹介します。

（A）1人で練習をする場面
（B）ペアやグループで，自分の考えや意見を紹介する場面
（C）クラス全体で，自分の考えや意見を紹介する場面

（A）では，プレゼンや音読の練習を自撮りして保存し，チェックできます。自分の変容が一目瞭然です。AIアシスタントを利用して発音チェックをしたり，端末の設定を「英語版」にしたりすることも可能です。

（B）では，自分のお気に入りのものを写真に撮影し，それを見せながら，Show and Tellのように発表をしたり，1枚の写真を見ながらペアでチャットをしたりすることもできます。写真を見ているので，相手は質問しやすくなります。日頃から使える写真をストックしておくように指示しておくと内容がバージョンアップしていきます。

チャットは，3-1-3でも紹介されたインタビュー・マッピングを使うと，即興でやり取りができます。全国，多くの学校でこのインタビュー・マッピ

ングが行われており，そこでは，多くの生徒たちが自信を持って即興のやり取りをしています。

　ペアやグループでSmall Talkやチャットの練習に慣れてきた頃合いを見計らい，教師が「グループで，この人の話をぜひ聞いてほしいという代表を選んでください」と言います。代表の生徒は，前に出てきて，全員の前でモニターに自分のタブレットをつなぎ，写真を見せながらプレゼンをします。流れは，次のようになります。

---

① 代表生徒の発表（プレゼン）
② クラスの友だちからの質問（即興のやり取り）
③ **教師の深掘り**（内容を深める発問，クラス全体への内容確認）
④ 振り返り（内容を日本語または英語で要約し，コメント）

　写真を見せて英語で話すというだけでは，単発の「指導」です。「拍手！」で終わる指導は心には残りません。どう生徒同士が関わるか。どう思考し，表現力を高めていくのか。そこで必要になるのが，教師の授業デザイン力です。ポイントは，**深掘り**できる発問を用意すること，そして生徒の頭（記憶）に残りやすくなるように，できるだけ流れをシンプルにすることです。

　（C）は，特にオンライン授業で使うビデオ会議用アプリ（Zoom, Google Classroom, Google meet, Cisco-Webexなど）で有効です。

　会議の機能を使うと，教師のコントロールが効かない，教師が見ていない間に何をするかわからないと心配される方もいるかもしれません。しかし，各部屋を訪問して状況を把握できたり，そこで臨機応変に質問をしたり，アドバイスをしたりすることもできます。

　それぞれの場面で，どんな力をつけたいのか，そのために何を引き算するのか。ICTという選択肢が増えたからこそ，より欲張りたくなる気持ちもわかります。あれも，これも，と新しいものを使いたくなるかもしれません。

　しかし，その気持ちをぐっとこらえて，本当に必要なものを精選することで，活動や指導に一貫性が生まれて，授業の活動が点ではなく線でつながっていきます。

3-6 「想像力」，「連想力」を高めると英語が上手になる
隠すことで，知りたくなり，謎解きがしたくなる

キーワード 謎解き／モヤモヤ感／知的飢餓感（ハングリー）
ツール マスキング

3-6-1 「なぜ？」という「モヤモヤ感」に向き合う

新型コロナウイルスの流行を，一体誰が事前に予想できたでしょうか。世界中の人が試行錯誤しながら，未知のウイルスとの戦いが続きました。このように予測することが困難な時代では，「予定調和」や，「前例踏襲」（いつも通り）の指導は，ますます廃れていくでしょう。

これからの世の中で求められるのは，問題を早期に発見できる力，そしてそれを自分（たち）で解決できる力です。特に授業では，生徒が自分で「なぜ？」と問題を発見する場面を増やしていく必要があります。教師が与えた問題を解決するだけの授業ではいけません。

教師の仕事は，行事や活動を成功させることではなく，むしろミスや失敗を乗り越えられる活力，耐性をつけてやることです。授業でも，正しい答えに一直線に向かうのではなく，モヤモヤ感，飢餓感，不足感を意図的に作り出してやり，答えを自ら獲得できるようにしてやるのです。

そのためには，学び方や調べ方を知っていること，実際に獲得した知識や技能を自分の生活の中で「活用」できることが必要です。つまり，数多くの情報をバラバラに覚えておくのではなく，一元化してまとめておく方法，一般化（自身にとっての「原理・原則」にする）して長期記憶に残す方法を知ることです。そして，わからないときは，どうすれば，自分が求める答え（情報）に行き着けるのか。それを短時間で調べる方法を知っておく必要があります。

本書に登場する筆者たちは，日常生活の中で，よく「こんなことができたらいいな」と想像しています。必要感から生まれる想像は，やがて「創造」を引き出します。また想像力は，気配りや，いざというときの危機管理能力にもつながります。

日頃から，「こうなったらどうするか」を考えるのです。その力が乏しいと，

他者への関心が低くなります。そうすると，利己的になり，自分が関心のないことは平気で無視したりします。生徒の問題解決能力を高めるためには，教師は，授業の中で「もし〜なら」とか「〜するときは」という条件を与え，自分ならどうするかを考えさせるようにします。さらに，多様な考え方を紹介し，ある意見に反論する活動（ディベートの下地づくり）も仕組みます。そこでタブレット端末の登場です。

　タブレット端末には，教師や生徒が考えたif, whenで始まる英文，またはJapan is a good country. Summer is better for JHS/SHS students than winter. といった意見をそれぞれ10個ずつ入れておきます。その中から，生徒は「これをやってみたい」とか「これに反論したい」いう英文を選び，自分の考えをタブレットに書き込みます。becauseでその根拠も示します。教師は，その中から「これはみんなで共有したい」というユニークな意見を選び，モニター画面に映し出します。クラスは大いに盛り上がります。

　大事なのはその後です。クラスの生徒に向けて言います。「これにみんなで反論してみましょう」「え〜っ？」その後，彼らは一斉に自分の端末に書き込みます。教師から与えられた課題と違い，クラスの仲間とつながるので，どの生徒も真剣に取り組みます。書いたものは履歴として残るので，後でまとめて，次の授業の教材にします。このように，アイデアさえあれば，端末を使うことで，問題解決能力を高めるトレーニングやディベートの下地づくりが簡単に短時間でできるので，活動をどんどんリンクさせやすくなります。

3-6-2 オンライン授業は「どんな力」を育てるのか

　学習で「時間差」を作れるのがICT活用のメリットの1つです。そんなメリットをオンライン授業で活用していた学校がありました。

　その学校では，Teamsを活用していました。この取り組みは，言語活動（fluency）ではなく，学習活動（accuracy）であり，言語形式の定着をねらいとしています。

---

① Teamsでいくつかのチームを作成し，学習する課題を提示します。動画なども添付して，生徒が自分で学習できる環境を整えています。
② 次の日に，Teamsで教師から示された解答だけを共有します。生徒が自分で学習する時間を確保することがポイントです。

---

③ 次の日以降に，Teamsで解説動画を共有します。投稿機能なども活用し，生徒の質問を随時受け止めることができるようにすると，生徒はより安心して学ぶことができます。

このように，あえて時間差（タイムラグ）を作り，問題→ 解答（誤答）→ 解説と共有していくことで，自分で考える機会が増えていきます。タイムラグや時間差をつくるためには，どこで時間をとるか，どこで待つかということを考えることのできる要約力が欠かせません。

また，ある学校では，オンラインによる学びの環境を有効に活用し，生徒たちの学習を保障していました。感染不安などで登校できていない生徒に対して，学習の振り返りのために，生徒たちが授業のノートや板書を写真に撮ってTeamsで共有していたのです。画面共有は，休んでいる生徒のための学習支援にもなります。著作権や個人情報などに十分な配慮をしながら，教室に来られない仲間ともつながれるのがオンライン授業です。

リモートでの学習環境が確立されてきた昨今の流れを受け，突然の学級閉鎖などでオンライン授業を行う場面は，今後も増えていくでしょう。いざというときにどのような授業ができるかを日頃から考えておくのも教師の危機管理能力の1つです。そのときになってからオロオロするのではなく，日頃からICTを使った活動，オンライン授業ならどうするかを想像しておくのです。たとえば，長期休業中に，学級登校日を設定したら，その日は遊び心を持ってオンラインで集まることも可能です。

第1章では，オンラインの授業は，テレビを見ているような感覚になり，生徒の集中力が切れやすくなると述べました。そうならないように，教師の説明を最小限にし，生徒の興味・関心（生活の経験）から課題を掘り起こすようにします。その具体的なコンテンツをご紹介します。

まず，質問ルームを用意しておくことです。生徒が学習に困ったときにその部屋にきて，教師や仲間に質問をすることができます。質問ルームがあることで，生徒は安心して学習できるようになります。ここは，生徒たちにとって，自分のモヤモヤ感に向き合う貴重な時間や場面となります。

ブレークアウトルームを個室設定（全員分の部屋を作る）にし，周りに遠慮することなく練習した後，教師の部屋を訪問（英単語や基本文の口頭試験，音読試験など）してもらうことも可能です。全員の前では遠慮していても，個別だか

らこそ安心して学ぶことができるようです。

　さらに，個別の部屋での音読やプレゼンの練習を録画させ，後から提出してもらい，評価をすることもできます。オンライン授業でも，授業の時間以外にもどんどん学びがつながっていきます。

　ICTを使った授業で有効なのはチャット機能です。チャットの文章を「教師しか読めない」「クラス全体が読める」のように設定することができます。対面授業では，一人ひとり指名して，考えや答えを聞いていきますが，テンポ良く進むことは稀で，必ず間伸びしていきます。しかし，チャット機能を使うと，一斉に書き込むので間を置かずに全員分が画面上に現れます。また，自動保存されるので，教師は後からパソコンにうちこまなくても，短時間で編集ができます。次の時間の教材や教科通信にも使えます。オンライン授業だからと，特別なことをする必要はありません。生徒が主役の活動と考えれば，アイデアが湧き出てきます。

3-6-3 「ツァイガルニク効果」を活かした家庭学習

　「答えを持ったらそこで終わり。問いを持ったらそこが始まり。わからないことの方がワクワクしない？」（株式会社FJネクスト）。これは先日見かけたCMです。

　目の前の出来事に対して，「なぜ？」「どうやって？」という視点で考え続けること，問題を解決する能力をつけることは，どの分野でも共通して必要です。

　第1章で述べたフィンランドの教育のように，教師が「なぜ」を問い続けることで，生徒は根拠にも目を向けるようになります。根拠が言えなければ正解にはならない，自分の言葉で説明できなければ理解したことにはならない，ということを，どの生徒も実感しています。

　ずっと教師の説明を聞いていると，いつしか，生徒はプロセスを飛ばして答えだけを覚えるようになります。定期テストが，暗記で間に合ってしまうような問題なら，それはさらに加速します。

　そこで役に立つのが1-4-1で紹介された「ツァイガルニク効果」です。その有効性については，すでに本書で述べられている通りです。肝心なところで活動を止める，学習の鍵になるような情報を隠すことで，「続きが気になる」と脳がざわざわし出すのです。このツァイガルニク効果を家庭学習に活用す

ることも可能です。次の手順で行います。

必要なもの

　ノート，学習支援ツール

学習の手順

① 授業で答えをあえて言わずに，モヤモヤ感を残して終わる。

　　（毎時間ではなく，「ここだ」という勝負どころで）

② 学習支援ツール（Teams など）で自分の考えを提出できる環境を整える。

　　（提出を強制せず，あくまで生徒に委ねる）

③ 次の授業の導入で，取り組んできた生徒の考えを紹介する。

　あえて答えを言わずに授業を終わることで，生徒の脳には「完結していない」という情報がインプットされます。すると，脳はその情報が気になり，一定期間それを覚えています。

　完結させない授業では closed-ended question（答えが1つ）ではなく，open-ended question（答えが複数）を使うのがコツです。前者は What, Where, When, Who の情報であり，後者は Why, How の情報です。脳は，事実発問の答えが出たら，もう関心はなくなります。

　脳は，すでに解決したことには興味がなくなるため，ずっと関心が続くのは「推論発問」であり，「評価発問」です。Why と How の問いへの答えは，1つではないからです。

　授業において，教師の説明がわからないという「負のモヤモヤ感」は，あってはならないことです。しかし，Why, How につながる「正のモヤモヤ感」を，教師が意図的に演出できるようになると，授業が一変します。

　授業で基礎知識を習得した後は，応用レベルではなく，どう「活用」できるかを考えます。応用とは，パタンプラクティスや入れ替えの活動です。「活用」とは，自己表現活動，問題解決学習です。

　家庭学習では，自分ごとの課題や問題解決のために，ネットを使って自ら調べようとすれば「反転学習」となります。それは，今までのような「授業→宿題」（教師が与える）スタイルではなく「家庭の事前学習→授業」（必要感が生まれる）スタイルです。

　そのためには，学習課題が「自分ごと」になっていること，自分の生き方に

つながる内容になっていることが必要です。生徒が目を輝かせるのは，「あっ，それ知っている」「聞いたことがある」というような身近な生活経験に根ざしたことです。特に，当たり前だと思っていたことがそうではなかったというギャップがあると目を丸くします。ワクワクする授業を提供する教師は，生徒が食いつく課題（wants & needs）かどうかをいつも考えています。

第4章

「編集力」が身につけば，
授業が楽しくてたまらなくなる

つながりを演出できれば，
生徒に「ワクワク感」を与えられる

4-1 「記憶に残る授業」には，「なるほど!」がある
生徒とともに「自己内対話」を深める

キーワード 遊び心／思考基地／全体（マクロ）／自己決定／
自分ごと／必然性のある場面
ツール オリジナル・ノート（思考の履歴をいかに残すか）

4-1-1 「記憶に残る授業」の根源は，教師の「編集力」

　第4章では，授業デザイン力と密接に関わる「編集力」についてご紹介します。生徒にとって，何年経っても色あせない記憶に残る授業がデザインできる教師は，一体どんなことを大切にしているのでしょう。ここでは，その具体的な中身に迫っていきます。

　「記憶に残る忘れられない授業」はありますか？　ドキドキしながら発表したスピーチ，ALTの先生へのインタビュー，仲間と一緒に取り組んだプレゼンテーションなど，どれだけ時間が経っても，鮮やかに蘇る記憶。心が動いた経験は，いつまで経っても色あせることはありません。

　京都府に，学校全体で英語の授業に取り組んでいるS小学校があります。英語が専門ではない担任の先生が中心となり，授業づくりに取り組んでいます。どの学年の授業も，他の小学校だけでなく，中学校や高校の英語教員にも大きな影響を与え続けています。なぜでしょうか。

　S小学校の児童は，まるで呼吸をするかのように，ごく自然に英語を使います。先生の言葉に反応したり，ALTの先生が語るエピソードを聞いて質問をしたり，「小学生でここまでできるのか」と参観した先生方は驚きを隠せません。その秘密はS小学校全体で大切にしている考えにあります。それは，「生徒に英語を教えるのではなく，生徒のよさを"引き出す"仕掛けを作る」ということです。どの担任の先生も，どこで児童の気持ちを揺さぶり，「伝えたい，わかり合いたい」という気持ちを高め，発話につなげていけばよいかを考えています。単元全体のデザインはもちろん，ひとつひとつの授業も自分たちでデザインしています。

　中でも，高学年担当のN先生は，児童の心だけでなく，参観した教員の心

もつかんでしまう授業名人です。彼は，英語が苦手です。難しい英語も使いません。しかし，児童一人ひとりのワクワク感を引き出し，事前に構想を練った単元のゴールに向かって，活動と活動をつなげます。児童のつぶやきを拾い，モヤモヤ感をあえて引き出し，授業を変幻自在にアレンジしていきます。

授業を参観した教師が，不思議なことに，いつの間にか自分もN先生の授業を受けているかのような感覚になります。S小学校の研究主任は，彼の授業づくりについて次のように話しています。

N先生は生徒とまるで日本語で話しているような感覚で，やり取りを繰り返します。生徒が，英語で自分の思いをごく自然に表現できる授業展開です。

最初はなかなか発話できなくても，先生同士の楽しそうなやり取りを聞いた生徒は，思わず巻き込まれてつぶやきはじめます。N先生は，それを見逃しません。パッと取り上げ，周りの子にDo you?と振ります。生徒が，根気強く語り続ければ，最後には自分の言いたいことが言えるようになるとN先生は信じていることも大きいと思います。

N先生は，どんな授業内容にすれば，生徒の発話を引き出せるかを徹底的に分析しています。活動を通して英語とどう出会わせるか，まずはゴールを明確に作り，そこに向けて授業がつくられているのです（QR）。

N先生は，単元ゴールに向かって活動を精選し，どこでどんなやり取りを行うかをある程度予測しながら，児童のワクワク感を引き出します。彼は，「"Repeat after me."ってコミュニケーションじゃないですよね。やっていてつまらないです」と言い，何度も繰り返したくなるような活動を授業に組み込んでいます。児童の実態に応じ，授業を自在に編集できる力が，子どもたちの記憶に残る授業を作り出しているのです。

4-1-2 N先生の「編集力」を支える思考基地（オリジナル・ノート）

「なぜ，N先生の授業は，こんなにも児童全員が生き生きと英語を使い，初めて出会う人ともやり取りができるんだろう」。その秘密を探るうちに，彼の日々の授業が，綿密な教材研究によって支えられていることがわかりました。

事前の単元計画では，児童の興味が湧くような単元ゴールの設定，モデルの提示，教科書中の活動のアレンジ，既習事項につなげる仕掛けが至るところにされています。児童がつまずきそうな表現も想定しているので，実際にそのような場面では，ALTとペアでSmall Talkをして気づきを促したり，児童がALTに"How do you say this in English?"と尋ねたりできるようにしています。モヤモヤ感をあえて作り出し，「知りたい，わかりたい」を引き出してから問題を解決していくので，児童の記憶に残りやすいのです。

　N先生は既習と新出の表現を組み合わせ，児童が使いたくなる場面を考えてから言語活動を用意します。場面あっての言葉なので，機械的な繰り返し，無味乾燥な練習は行いません。相手や場面を変えて，いつしか同じ表現を何度も使っています。漆塗りの器や重箱が，幾重にも手を加えられて輝きを増していくように，児童は何度も表現を繰り返すことで覚えてしまいます。

　N先生はいつも，詳しい単元構想の他に，使えそうな英語の表現や，問いの種類，ALTとのやり取りの想定などを丁寧に書き込んだノートを持ち歩き，それを「思考基地」と名付けています（QR）。彼の単元構想の手順はこうです。

---

❶ ねらいを明確にする。
❷ 教材を分析するとき，活動の配置の意図，どこでどんな表現を学び，どこで活用できるかを考える。
❸ 設定したねらいに応じて活動の取捨選択を行う。
❹ 単元や本時のゴールの提示の仕方，活用の仕方を工夫する。
❺ ALTの先生の活躍場面の想定をしておく。

　N先生は「ノートの有効性」を強く実感しているので，児童に対しても書く指導を大切にしています。4年生のときに学級崩壊を起こしていたクラスを5年生から担当することになったN先生は，ノート指導を通して，一人ひとりの児童に根気強く接していきました。

　彼がノートの中で子どもたちに丁寧な語りかけを続けたことにより，出会ったときとはうってかわって，学級が明るくなっていきました。彼の授業は，どの教科も児童の記憶に残る，遊び心いっぱいのワクワクする授業に

なっています。

　世の中には，ノート指導で生徒に力をつけている教師がたくさんいます。彼らは「ノートの1ページに，2本〜3本の線を引き，余白を作る」というルールを決めています。ノートの余白に何を書くかは生徒に委ねます。余白があると，つい埋めたくなってしまうのが人の心理です。後から，関連すること，気づいたことを書き込みます。思考の履歴を残すことで，自らの学びが俯瞰できるのです。

　「授業の編集」に必要な4大要素（指導案・場面・発問・振り返り）

　授業を「編集」するときには4つの要素が必要です。「学習指導案」「場面の設定」「発問の工夫」，そして「振り返り」です。

　まず，学習指導案について説明します。「編集力」が高い教師は，学習指導案に，「余白」の部分も用意しています。生徒のつぶやきを拾いながら，担当するクラスの実態（特徴）を生かして「この部分は，クラスの実態や流れを見てアレンジしよう」と考えます。指導内容を事前に全て決めておくことはせず，「余白」を設け，それを生徒の考えや意見を広げたり，生徒同士のやり取りの活動を盛り込んだりするのに使います。仲間との対話は，生きた情報交換の場となり，「自分の言葉」「友だちの言葉」として強く心に残るからです。

　2つ目の要素は，具体的な場面の設定です。教師の遊び心を発揮するのに欠かせないのが，やり取りに必然性を持たせることです。必然性とは，テキストのターゲット・センテンスが，よりオーセンティックな状況，ごっこ遊びではなくリアルな場面で導入されるということです。それは，KenやJudyなどの架空の主語の英文や，アニメのキャラを登場させることからは生まれません。英語教師，学年の同僚，さらにはクラスの生徒を主語にした話題にし，身近で学習者の「関心」が高まるような内容を提供することです。

　そうすると，教師と生徒のやり取り，生徒同士のやり取りが，まるで1つの物語のように進んでいきます。

　3つ目が，教師の意図的な「発問」です。自然な流れの中で，生徒に"Right?"，"How about you?"，"Do you agree or disagree? Why?"と問いかければ，唐

突なrepeatはなくなります。さらに，生徒の反応や答えをつなげていくことで内容を深めることができます。答えを急かさなくなると，生徒のつまずきやわからなさにも寛容になり，それを生かそうと考えるようになります。

「編集力」で必要なのは「つながる発問」です。「切れる発問」は，答えが1つしかない発問です。確かに，そうした発問を使えば，指導を短時間で切り上げることはできます。授業を予定調和で進めることも可能です。しかし，そのようなショートカットの指導では，学習者の学習意欲は喚起されません。

「つながる発問」は，複数の答えが出る発問です。「なぜ」「どのように」のように問いかけて，一人ひとりの異なった答えを引き出します。この種の発問の後は，教師とのやり取り，仲間とのやり取りが自然に起こり，生徒は教師の説明がなくても，自らハッと答えに気づきます。

4つ目が「振り返り」です。この「振り返り」が，現場では形骸化しているようです。多くの場合，振り返りの時間がとれなくなったり，毎回，同じ内容の「自己評価シート」に書き込んで終わったりしています。

生徒が「ワクワク」する授業で大切なのは，導入で惹きつけることではなく，授業の最後に彼らが「できた！」「モヤモヤ感が解消された！」という思いを実感できるようにすることです。

そのためには，最初の段階で生徒にゴール（本時のねらい）をしっかりと与えておくことが不可欠です。さらには，自分の現在地を途中で認識できるようにしておかなければなりません。その方策として，中間発表，メンタリング（モデルを示す），教師の「形成的評価」を活かします。

さらに，次時につなげるために，CAN-DOリストを生徒用にわかりやすく書き換えたものと「ルーブリック」（パフォーマンス課題のための評価指標）を用意します。すると，振り返りでは，それを意識して「自分ができるようになったこと」や「課題」を書くようになります。「教育」（語源はラテン語のeducare：引き出す）とは，知識を教え込むことではなく，生徒のポテンシャルを信じ，彼らを「育てる」ことです。上記の4つの要素を元に，教師が「編集力」を活かすことで，その営みが可能になります。

キーワード	気づかせたいこと／自己決定／自分ごと
ツール	レアリア／アンケート

4-2-1 「レアリア」で課題を自分ごとにする

「編集力」を活かす指導者は，教科書の単元のテーマや内容と生徒の経験を「レアリア*」で結びつけ，教材を生徒がワクワクできるものに変身させています。生徒の生活や経験に結びつかないまま題材を扱おうとしてもただのごっこ遊び（フェイク）になってしまいます。「レアリア」を用いると，生徒たちは，テーマを自分ごととして捉え，自分の経験と結びつけ，お互いに共感できるようになります。

授業で大切なのは，「教科の論理（教科書から知識を得ること）」と，レアリアを活かす「生活の論理（身近な生活と密着していて，実感できること）」のバランスです。後者は，学習者の生活経験を引き出すので，「知ってる！」「聞いたことある！」というように，生徒は目を輝かせます。

ただし，レアリアを使えば，すぐに生徒が食いついてくるというわけではありません。生教材は，あくまでも「素材」なので，生徒の食指が動くような「教材」に編集し変身させる必要があります。生徒にとって，意味のある「教材」とは，伝えたい相手が明確で，関心を持って取り組みたくなる「課題」です。

レアリア＝実物教材を使って，互いの考えや気持ちを伝え合う活動を授業に取り入れると，英語が苦手だと思っている生徒も，前のめりになって自己表現をするようになります。教科書の内容を理解するのと違い，「自分ごと」になるので，相手と意味のある言葉のやりとりを行えるからです。さらに，そこでできたことは，実際の場面でも活用できるようになります。「本物教

***レアリア**：「実物・生教材」のこと。日常生活にあるものを教材・教具として利用する場合にこう言う。新聞記事，レストランのメニュー，食品のパッケージ，時刻表など，身の回りにあるリアルなものが生徒をワクワクさせる教材になる。

材」は，ちょうどエンジンの点火プラグに当たるのです。

　たとえば，後置修飾（関係詞など）を学ぶ単元で，「自分のお気に入りのものを紹介する」という課題を設定するとします。

A：自分の「お気に入りの○○」を，業者に売り込もう。

B：「お土産・手土産ガイド」というSNSアカウント@souveni_japanが海外で大流行。【レアリア】

コロナ禍で，海外旅行ができなくなった外国人に向けて，商品を売り出しはじめたからです。【場面】

とはいえ，まだまだ売り上げがのびにくい状況を知った△△中では，なんとか企業を応援しようと，自分たちで企画を考えました。【状況】

あなたのおすすめの地元の名産品（レアリア）を紹介し，SNSアカウントで売り出してもらいましょう。【目的】

　Aのような問いかけで，果たして生徒のワクワク感は引き出せるでしょうか。イメージしにくい，非現実的な場面では，課題の必然性を感じることは難しくなります。「何のために，誰に向けて書くのか」といった目的，どうなればいいのかという評価規準が知らされていないことも，生徒の「やりたい」という気持ちを引き出しにくくする要因となります。

　一方，Bの方は，「何のために」と「誰に向けて」が明確に示されています。生徒は，身近な名産品（レアリア）とそれを生徒にとって身近なSNS（レアリア）を通して紹介する理由を具体的に思い浮かべるでしょう。そのため，SNSの投稿を見た人に「これが欲しい！」と思ってもらえるように，辞書を使ったり，インターネットで名産品について調べたりします。

　具体的なコミュニケーションへの「目的・場面・状況」を学習者と共有してこそ，学習意欲を高め，気づきが生まれ，さらには自己決定を引き出す授業が可能となります。

　レアリアが教材になると，教科書で扱われる題材が変身します。社会の一面を切り取ることで生まれた題材が，受け手である生徒の身の回りの生活と結びつくため，具体的な「題名」に変身するきっかけとなるのです。たとえば「家族」という題材が，個人の中に落としこまれて，「パパは名コック」という題名に具体化されます。

レアリアを用い，教科書の題材が生徒個人の経験と結びつくとき，生徒が英語を通してコミュニケーションをとる必要感が生まれます。そのとき，生徒はそれぞれ自分の中で自己決定した題材に基づく「題名」を持つことになり，それが学習意欲の源となるのです（QR）。

4-2-2 ### 生徒が「共感」する「レアリア」とは

授業で，自身の「編集力」を活かし，生徒たちを授業の「主役」にしている指導者は，生徒たちのつぶやきから多くの情報を得ようと心がけています。彼らが心がけているのは，同情（sympathy）ではなく「共感」（empathy）です。*COBUILD* には，次のように書かれています。

Empathy is the ability to share another person's feelings and emotions as if they were your own.（下線は筆者）

この共感について，筆者が忘れられないエピソードをご紹介します。放送タレントの永六輔氏は，44年も続いたラジオこども電話相談室で，「好きな人に告白する言葉を教えて」という質問に対して，次のように答えました。

> 『きれいだな，おいしいな，うれしいな』ということが同時に感じ合える環境が一番。ですから『好きです，嫌いです』という言葉ではなく，いい言葉を使っている子は好きになれる。『あの人ならこの言葉は好きだろうな』と思った言葉を何気なく使っている方がドキンとします。同じ感動をする場面で，できるだけ一緒にいることですよ。

レアリアとどんな関係があるのかと思われた読者の方もおられるかもしれません。人間が相手に対して好感をもつのは，温かい行為，胸に残る言葉（よい文脈）に触れたときです。レアリアは，定義でも紹介したように，生徒が日頃から接しているもの，身近に感じられるものです。ですから，生徒にとって，教師が使う「共感」できる言葉も立派なレアリアになるのです。では，レアリアとなる言葉（発問，指示）を使えるようになるには，何を心がければいいのでしょう。その例を紹介します。

S先生は，どうやって子どもを授業に惹きつけようかと悩んでいました。4月にタブレットを使って自己紹介をしたとき，自信を持って発表している児

童がおらず，お互いの発表に興味を持っているように思えませんでした。

　しかし，"My Treasure"というトピックで自分の宝物を紹介するスピーチ課題に取り組んだとき，児童の様子がいつもと違っていました。「先生，こう言いたいんですけど，なんて言ったらいいの？」「調べたら，『大切にしている』はuse carefullyって出てきたんですけど，これなんて読むの？」波のように押し寄せる児童にアドバイスをしながら，生徒の「もっと言いたい！」という熱い気持ちが伝わってきて驚きました。思い起こせば，彼らの心に火がついたのは，S先生の一言でした。「みんなのとっておきの宝物を教えてね。その日は特別に，実物を持ってきてもいいですよ」。

　前回の自己紹介では声が小さかったA子は，自分の宝物紹介では，大きな声で言えていました。いつもはなかなか授業に参加できないB男も，その日は友だちの発表に耳を傾けていました。勇気を持って発表もしました。B男は最後の振り返りに，「楽しかった。来てよかった」と書いていました。いつもは，ほとんど振り返りを書こうとしない児童です。

　サッカーの大会で勝ち取った5枚のメダルを首にかけて紹介したC男，手作りとは思えないほど綺麗なアクセサリーを見せて教室を沸かせたD子，"My treasure is a signed ball!"といって10人以上のプロ野球選手のサインボールを誇らしげに紹介したE男。聞き応えのある発表が次々と続きました。

　担任の先生は，教科書の表現を押しつけず，時間をかけて児童の言いたいことを引き出しました。「なんでこれが宝物なの？」「いつ使うの？」「どんなことをするの？」「それなら，そのことも言ったらいいやん」休み時間も使って一人ひとりの気持ちに寄り添い，やさしく問いかけることで，共感し合う場面を生んでいました。

　教師が，自分の考えを押し付けるのではなく，生徒を尊重する気持ちをもって，彼らの考えに「共感」し，それを受容しようとする。そのとき，教師の言葉が，生徒たちにとってレアリアとなります。生徒の内なる声が引き出され，教室は交流の場と化します。

▌4-2-3▐ 生徒への「アンケート」が真の「レアリア」になる

　「編集力」を活かした授業づくりでは，生徒の実態を活かそうとする指導者の姿勢が欠かせません。たとえばアンケートでは，一般的な問いかけ（楽しかったか，協力できたか，頑張れたかなど）ではなく，「学びの本質」（ゴールを明

確にして，何ができるようになったか，それはなぜかなど）について内省につながる問いかけをします。

アンケート項目が変わったことで，生徒の学習への取り組みが大きく変わったという事例をご紹介します。

S先生（中高一貫校）は，以前は，振り返りを書かせるときは「できたこと」「できなかったこと」という項目で書かせることがほとんどでした。しかし，あるとき，それでは本時の内容に特化された学びに留まってしまうのではないか，と反省しました。

たとえば，「スラスラ話すことができた」「大きな声で発表できなかった」などの振り返りは，自分の学習の結果（事実）を言葉にしているだけで，それがどのような意味を持っていて，今後それをどう生かしていけばいいのかは見えてきません。

教師が，自身の「編集力」を活かせば，「アンケート」を授業づくりに役立つ「レアリア」にすることが可能です。たとえば，アンケートの項目を自由記述にすれば，生徒は多様な考えを示してくれます。実態把握を授業に活かすという目的さえ明確なら，たとえ厳しい意見であっても真摯に受け止められます。生徒の意見は，教師にとって授業改善に必要な「レアリア」になるのです。

S先生は，今までのような，ありきたりの問いではなく，アンケート項目を次のように見直し，生徒の本音を探ろうとしました。

1. 今回の単元を通じてどんな力がついたと思いますか。できるだけ具体的に書いてください。
2. 授業でできなかったこと，自分の課題だと気づいたことは何でしたか。できるだけ具体的に書いてください。
3. 友だちの発表や取り組みから影響を受けたこと，刺激になったことがあれば書いてください。
4. わかりにくかった内容，あまり効果が上がらなかった活動はありましたか。それは何ですか。また，どうしてそう思いましたか。
5. これからの学習でどんなことを頑張りたいですか。

アンケートは「自分の授業評価」であり「授業の健康診断」です。生徒のコ

メントからは，英語を手段とし，仲間との協働学習の中で，自身の人間性や生きる力が高められることを望んでいることがわかります。

　さらに，2と4に忍ばせておいた「指導の問題点」からは，教師の癖が見えてきます。これらのことは，教師の授業改善に必要な情報（レアリア）となり，自分が授業で何を目指せばいいかが見えてきます（QR）。

4–3 「副詞（述語を修飾）型の授業」は，なぜ個性を引き出すのか
学習集団に「学びの磁界」を作る

キーワード 「副詞（述語を修飾）型の授業」／学びの磁界
ツール 協働学習

4-3-1 なぜ，授業では「副詞（述語を修飾）」が鍵になるのか

　歌人の俵万智氏が，福島の小学校でされた授業で，子どもたちに問いかけている場面が，朝日新聞（2007年10月）に掲載されていました。

　俵氏は，ある児童が書いた文章を取り上げます。「カブトムシ　いっぱいとって　うれしかった　でもいつのまにか　いなくなった」。俵氏は子どもたちに質問を投げかけます。「カブトムシがいなくなったときの彼の気持ち，わかるかな？」すると，「がっかり」「残念」と声が上がった。「もし，『悲しい』とそのまま書いていたら，どうだったかな。読む人はその他の想いを想像できなかったはず。悲しい，寂しいと形容詞で気持ちを伝えるのはすごく便利だけれど，あえて他の言葉で気持ちをつたえるよう工夫した，いい歌ですね」。俵氏は，形容詞に頼らずに表現をした子どもの感性を見抜いたのです。

　教師は，授業で安易に形容詞を使って説明してしまう傾向があるようです。bold, surprisingという形容詞は，ものの性質や状態を説明しています。このように，形容詞は限定されたイメージしかありません。それは，授業で「1つの答え」を求めるのと同じです。しかし，副詞のboldlyやsurprisinglyからは「なぜそんなふうに行動したのか？」という問いが生まれてきます。人は，副詞から，場面を想像し，動作主の心情を読み取ろうとするからです。つまり，授業を「副詞型」にするということは，述語に注目し，多様な見方をすることができるということです。

　授業が上手かどうかを知りたいときは，小学校，中学校の場合，道徳の授業を見ればそれがわかります。上手な教師は，「あらすじを追う発問」や「最後の教師の説諭」ではなく，資料の中の述語を修飾する部分を取り上げ，生徒の経験を掘り起こし，彼らの心情に迫っています。

　英語の授業でも「副詞」に特化して問いかけると，推論発問（行間を問う）や

評価発問（自分の考えを述べ合う）につながるので，生徒からは多様な答えが生まれてきます。

ここで「形容詞型」と「副詞型」の授業について考えてみます。

「形容詞型」の授業は，where, when, who などを問う事実発問（答えが決まっている）が中心で，どちらかというと一方通行の授業と考えられます。「形容詞型」の授業は，学習指導案ではなく，どちらかというと「授業"進行"案」になっています。次から次へと続く教師の指示や説明に，spoon feeding に慣れた生徒は，教師から与えられる活動をこなしていきます。教師の発問は一問一答式で，生徒の答えは単語レベルでの返答になっています。

一方，「副詞型」の授業は，コミュニケーションの「目的・場面・状況」を生徒と共有するものです。教師の発問が，主に副詞や副詞句に焦点が当てられているからです。たとえば，「なぜ，ゆっくり歩いたの？」「どのようにやればいいのかな？」のように why や how を生かした発問が核になっています。

具体的な「副詞型の授業」をイメージしていただくとすれば，4-1-1でご紹介したN先生の授業です。Why や How で児童の考えをつなぎ，互いのやり取りを通して授業が進んでいくからです。児童は，先生の問いかけに答えたくてウズウズしており，それが英語への関心を高めています。活気がクラスにみなぎっているのです。

授業で「副詞」の部分を発問に活かしている教師は，授業中，生徒のつぶやきや誤答をタイミングよく取り上げます。それがきっかけとなり，教師は，生徒の多様な考えを引き出す発問が閃くようになります。また，教師は「ああ，それいいね」「こんなふうにも言えるね」と，内容を広げたり，深めたりし，多様性を大切にします。根拠を探し，仲間の考えなどを知ろうとする生徒の姿は，授業参観者の心を驚づかみにします。

4-3-2 「副詞型の授業」は，クラスに「学びの磁界」をつくる

学習指導要領では，「言語活動」を評価すると記されています。教師の仕事は，「編集力」を発揮して，生徒が自ら気づき，気持ちを「共感」できる場面を用意することだと言えます。それが「**学びの磁界** *」です。学ぶ必要感があれば，教室が「磁界」のようになり，彼らは様々な知識を自分に引き寄せるようになります。

仲間の考えからインスピレーションを得ると，自分の考えを表現したくな

るものです。その過程で，どの言語材料，どの語彙を使おうかと思考・判断しはじめます。そこに「学びの磁界」が生まれ，砂鉄の中に磁石を置いたときのように，バラバラの既習知識や経験が，スルスルとつながりはじめます。

　大事なことは，「正しい学び方（正しい発音とストレスの習得で英文が聞き取れる，長文が頭から理解できる，など）」を教え，自分の力で困難を打開できる生徒（自律的学習者）を育てることです。それによって，教師の指導する内容やかかる時間が大幅に削減されるようになります。また，教師の説明がわかる授業から，「できた！」を実感できる授業に転換することで，家庭で取り組む学習の内容も変容していきます。

　「1つの正解」を求める発問が多いと，生徒には「間違えたくない」という心理が働き，彼らの口は貝のように閉じてしまいます。一方，自由な発想が生まれる発問が用意されれば，答えを楽しめるようになります。両者の授業を比較してみると，その違いがよくわかります。

　「形容詞型」の教師の発話に注目してみると，多くが教師からの一方通行の「指示」になっています。授業で扱う内容が決まっており，生徒は言われた通りに淡々と活動をこなしています。残念ながら生徒の考えや気づきを引き出すような発問は見られず，教師の温かい人間性が伝わるような発話も見えてきません。一方で，「副詞型」の授業では，教師が生徒の気持ちに寄り添う場面がとても多いことに驚きます。発話を分析してみると，授業中のほとんどの時間が生徒とのやり取りを通して進められています。

　蒔田守先生（元筑波大附属中）が，全国の英語教師に衝撃を与えた「現在進行形」の授業（中1）を例にご説明します。彼は，現在進行形の導入で何も説明をせず，クラスの折り紙キングと言われる生徒が折り鶴を折るところを実物投影機に映し出し，現在進行形を使って実況中継をしていきます。生徒は，目の前で起きていることと蒔田先生が使う現在進行形の文とを照らし合わせ，「どんな意味」かを推測しながらつぶやきます。やがて，「こういうことなんだ」と確信できた生徒は，だんだんと現在進行形を使って表現しはじめます。

　蒔田先生は，4-2-1でご紹介した「レアリア（オーセンティックな場面）」を提供しました。折り鶴は，仕上げるまでに同じ動作が繰り返されます。しか

***学びの磁界**：バラバラだった知識の断片が，急に意味を持って統合される状態。タスクを，生徒たちが自ら気づき，学び合い，学習意欲を高められるようなものにすることで，クラスが「磁場」のような環境になる。

し，それは単なるパタン・プラクティスではなく，仕上げに不可欠な作業です。「目的・場面・状況」を伴った有意味学習なのです。授業後は，どの生徒も自分で気づけたという喜びに満ち溢れていました。生徒が自らの力で理解に辿り着く蒔田氏の授業は，まさに「学びの磁界」そのものと言えます。

4-3-3 「副詞型」の授業は，教師の「編集力」を高める

どうすれば，自分の授業を「形容詞型」から「副詞型」に変えていけるのでしょうか。ここでは，生徒が授業でどう思考するか，という視点からそれに迫ってみることにします。「副詞型」の授業を受けた生徒の反応からわかることは，教師の仕事は，教科書のターゲット・センテンスや文法事項を教えるだけではないということです。

「形容詞型」の授業では，教師が授業で行う活動を全て準備しがちです。何種類ものプリント，ペア活動，グループ活動などがそうです。その場合，教師は準備したものをこなすだけで精一杯です。正答を引き出し，先に進まねばならないからです。「仕切る」とは，生徒の学びを奪ってしまうことです。生徒とのリアルなやり取りは生まれてきません。

学習指導要領にも書かれているように，未曽有のことが起こりうるこれからの世の中では，自分で獲得したことが"生きて働く力（Working Knowledge）"となる学習が望まれます。自分で「活用」できるということです。そのためには，「知識・技能」だけを偏重せず，「思考・判断・表現」＋「主体的に学習に取り組む態度」の観点を心がけた授業にすることが喫緊の課題となります。

そう考えると，今の授業を変える「一歩」となるのは，副詞の特質である「動作の状態，性質の程度，叙述，推量，仮定，疑問，たとえ」などを生かした授業を展開することだと言えます。必要なのは，本文の中から「答え」を見つける活動ではなく，その副詞が使われているのは「なぜか」を考える活動です。様々な場面（文脈）を用意し，表現形式に習熟するまで活動を変化させながら繰り返すことです。つまり，文脈を何度も読まざるを得ないような発問を用意し，「思考する」ことを当たり前にすることです。一問一答とは違って，時間が必要になります。

そのような時間を作るには，第3章の「要約力」で説明したように，授業の準備を7割程度に抑え，3割を「余白」（授業中に行う生徒との即興のやり取り）として，目の前の生徒の実態を確認しながら，臨機応変に調整をしていくよう

にすることです。指導内容を欲張らず、できるだけシンプルにして、より確かな定着を図ります。

　もし、今の授業がどうも「形容詞型」の授業ではないか、と考えられるとしたら、どうしてそうなってしまったのかを冷静に分析してみることです。もしかしたら、心のどこかで、授業の最初から終わりまでの活動を用意しておきさえすれば、授業をそつなく終えられると考えることはなかったでしょうか。

　しかし、忘れてはならないのは、英語は言葉であり、言葉は生きているということです。情報のやり取りをしていると、教師の期待する答えばかりではなく、予期せぬ答えも出てくるものです。そのようなときこそ、生徒の発言を取り上げ、"Why do you think so?" "Nice idea!" とつないでいくことができます。

　「つぶやきを全部拾っていると、予定したことが全部できないのではないか」と思われるかもしれません。しかし、生徒は与えられたことを淡々とこなすより、「自分の言いたいことが伝えられた！」「間違ったけど、そこから大切なことを学んだ！」と思えることにこそ、学ぶ喜びを感じます。そして、それらのことは彼らの心の奥深くに刻まれ、記憶に残っていきます。皆さんも、そうだったのではないでしょうか。うとうとした授業、退屈だった教師の説明、板書をずっとノートに書き写していた授業などは、ほとんど頭に残っていないはずです。

　生徒のつぶやき、さらには本音が飛び出してくるような授業を可能にするのが、教師が自分自身について語ること、具体的なエピソードを交えること、自分の恥ずかしい失敗談なども紹介することです。それをアレンジすることが、教師の「編集力」です。驚きや感動が生まれてくるような学習をどう仕掛けるか、さらに「探求」したくなる課題をどう用意するか。これらのことを意識した授業ができるようになれば、皆さんも、授業を心から楽しめるようになります。

4-4 「自己更新」を生むのは「バトン・パス」
「点」から「線」に，
さらに「面」にまで広げる教育を

キーワード 自己決定／リレー／協働学習
ツール リレー・ノート／チェーン・レターズ

4-4-1 不登校気味の生徒が，なぜ英語の授業には参加したのか

「編集力」を最大限に活かした取り組みに，**リレー・ノート***の活動があります。生徒は自分の気持ちを言語化し，仲間とともに「リレー」形式で内容を練り上げます。「リレー・ノート」に取り組んだ生徒は，異口同音に「リレー・ノートは，みんなで1つのプロジェクトに取り組んでいる感覚になる」と言います。

「今日は，友だちにリレー・ノート渡さなあかんから，学校来てん」。これはＡ先生が実践しはじめてから，1か月ほど経ったある日，1人の女子生徒がＡ先生に言った言葉です。彼女は，英語が苦手で，授業に集中できず，学校にもなかなか来られなくなっていました。そんな彼女が，仲間と一緒に巻き込まれていった「リレー・ノート」とは，どのようなものなのでしょうか。

生徒は，裁断機で横に3分割されたノートを使い，4人1組のグループで，ノートを順（1日に1人）に回していきます。リレー・ノートの活動では，自分が書けばよいというものではなく，「連歌」のように，前の友だちが書いた内容とどうつなげるかを工夫していくことが大切になります。いきなりでは生徒がイメージを持てません。また，つながる楽しさも実感できないので，まずは「チェーン・レ

***リレー・ノート**：B5サイズのノートを3分割して作る。1冊の行数が10行程度になる。それを，1人が意見を書き，リレーのバトンのように班で回していく学習方法。全国で多くの追試（先行実践を試すこと）がある。詳しくは，中嶋洋一共著『だから英語は教育なんだ』『ヒューマンな英語授業がしたい』(以上研究社出版) 参照。

ターズ（紙上ディベート）」から始めます。

　このチェーン・レターズの活動では，わずか1時間の授業を通して，生徒が仲間と意見を「リレー」のようにつないでいく面白さを味わうことができます。これを経験することで，互いの意見の違いや，リレー形式でコメントを書き合う楽しさに気づくことができ，「リレー・ノート」の活動に弾みがつくようになります。

　チェーン・レターズは，生徒にとって「賛成」「反対」の両方がありうるトピックを3つ程度用意することから始まります。たとえばSchool is boring./ We don't need six classes every day. / Winter is better for students than summer. などです。

　次に，各自が選んだトピックについて，B4またはA3サイズの紙に，3分間で自分の意見とその理由を英語で書きます。最後の1文は，"What do you think?"と問いかけるというルールにしています。そして，教師の合図で，列ごとに一斉に用紙を交換します。英文を書くのが苦手な生徒も，最初は戸惑いますが，仲間の書いた英文を参考にして，なんとか意見をつなごうとして書きはじめます。活動の終わりには，自分が最初に書いた用紙が返ってくることになります。このとき，生徒たちは，教師が指示をする前に，すでに仲間の意見を読みはじめています。

　授業の最後には，用紙の余白に感想を書かせるようにします。すると，いつの間にか自分たちが膨大な量の英文を，「やらされている」と思わずに読んでいたことに気づきます。自らの変容を自覚した生徒は，仲間とやり取りをする活動に主体的に取り組むようになります。ポイントは，生徒の「自己選択・自己決定・自己責任」を大切にすることです。教師が作るプリントと，生徒にとって「自分ごと」になる言語活動との違いはそこにあります。教師が生徒の実態（関心やニーズ）に敏感になろうとすれば，毎日の授業がみるみる変わっていきます。

4-4-2 「リレー・ノート」は，なぜワクワクするのか

　リレー・ノートの目的は「自律的学習者の育成」です。リレーは，バトンを受け渡します。学習に"時間差"が生まれます。それにより，一斉学習にはない「変化」や「自分たちでつなぐストーリー」が楽しめます。さらには，仲間の考えに触発され，自然に自己更新が行われていきます。この有用性を，教

師が説明するのではなく，生徒自身が実感できるようにすることが指導の鍵になります。全体構想を練る中で，どの時期に，どこまでの力をつけたいのかというビジョンを明確にすることも大切です。授業における単元計画とリンクさせることで，教師が介入する際にもブレがなくなります。具体的には，以下のように発展させます。

---

❶ 生徒自身がトピックを選び，賛成か反対かなどの自分の意見をどんどん書いていく。　　　　　　　　　　　　　　　　　　　　【基本編】

❷ 授業内容に関連した写真に含まれるメッセージを読み取り，意見を書く。新聞などの記事に対する個人の見解を書く。与えられた役割になりきって，それぞれの立場で意見を書く。　　　　　　　　　【応用編】

❸ グループでおすすめの内容を指定された語数で要約し，他のグループに紹介する。　　　　　　　　　　　　　　　　　　　　　【発展編】

　3つの段階を意識して，❶から順にステップを踏んでいく際にポイントとなるのは，教師のビジョン（目的やゴール）と介入（指導）のタイミングです。

　❶から順にステップを踏んでいくようにしますが，1か月ほど継続すると，生徒がマンネリを感じるようになってくることがあります。そのようなタイミングで，❷に挙げたような，授業内容に関連した写真や新聞記事などを提示するようにします。生徒自身が選んだトピックではなくても，授業や時事問題と関連する内容を取り上げることで，生徒は興味を持ちやすくなります。また❸は，書いた意見を提示し，Ａグループ対Ｂグループでどちらの意見の方が納得できるか，といったディベートの要素を含んだ活動にもできます。これら❷，❸の活動について，どのトピックで，いつ生徒に介入するかを考えることが，教師の「編集力」につながっています。

　リレー・ノートに取り組んだ生徒の感想をまとめてみると，大きく分けて，以下の4つの効果があることがわかります。

---

① 賛成や反対など，お互いの意見をやり取りすることの面白さと難しさ，伝えたいけど，うまく伝えられないというもどかしさが，さらなる向上心を生む。

② 教師が教え込まなくても，仲間の意見や使っている英語の表現から，お

互いに学び合うこと（互恵学習）ができる。

③ 教師（ALTを含む）の介入がカンフル剤となり，学ぶ意欲を飛躍的に高めることができる。

④ 読む・書く力だけではなく，話す力やその他の多くの力をつけることができる。また，ノートに履歴が残ることで，自分自身の成長を実感しやすくなる。

これらは「ワクワク授業」の原理原則となります。

4-4-3 リレー・ノートで，生徒の心がつながるメカニズムとは

「リレー・ノート」の指導では，以下のことが可能になります。

① 仲間の書いたものを次の仲間へとつなげるために，英語を書く意欲が生まれやすくなる。　　　　　　　　　　　【「つなぐ」というリレー本来の効果】

② 自分が伝えたいことは，自分で調べてでも伝えようとする。
　　　　　　　　　　　　　　　　　　　　　　　　　　【自分でやり切る責任感】

③ 自分自身でストーリーや意見を考えるのが楽しく，仲間の多様な考えに触れることができる。　　　　　　　　　　　　　　　　　　　　　　【互恵学習】

④ みんなで取り組むので，適当に書いて「はい，終わり」ではなく，仲間の文章を読み，思考し，自分の考えが更新されて，真剣に取り組むようになる。　　　　　　　　　　　　　　　　　　　　　　　　　　　　【自己更新】

⑤ 生徒自身がトピックを選ぶので，こだわりを持って取り組むことができる。
　　　　　　　　　　　　　　　　　　　　　　　　　　【自己選択・自己決定】

⑥ 仲間の書いた意見がモデルとなり，教師が教えなくても生徒自身が書き方を学び，次に生かすことができる。　　　　　　　　　　【メンタリング】

⑦ 教科書本文を読むのが苦手な生徒も，「どんな意見を書いたのだろう」と仲間の書いたことを意欲的に読もうとする。　　　　　　　　【学びの磁界】

⑧ 実生活に即した身近な話題を取り上げるので，内容を自分ごととして捉えることができ，互いの意見や考えを交換しやすくなる。　　　【レアリア】

　教師が「編集力」を発揮するとは，生徒に寄り添うことです。遊び心を発揮すれば，リレー・ノートのトピックのうち内容が深まったものをDebateの設

間(一部改題する)として定期テストに使うこともできます。

　生徒をよく観察することでこそ可能になる「編集力」もあります。たとえば，リレー・ノートを続けていくうちに，取り組みが活発化していく班と，逆に低調になっていく班があります。メンバーの人間関係や英語力の差によるものです。実際，班の中に英語が得意な生徒がいなければ，なかなか内容に深まりが生まれてきません。

　あまりにも英語が正しくない文章ばかりでは，生徒の読む気も萎えてしまいます。よって，意図的に「英語班」を作る必要があります。「**ソシオメトリー***」を使い，一緒に学習をするペア(男子同士，女子同士)を選ぶアンケートをとります。

　生徒が選んだ相手同士で教師がペアリングをしていきます。たとえば，定期テストの結果で90点の生徒は60点の生徒が相手です。20点の生徒を相手にすると，90点の生徒はどこがわからないのかを共感しにくいという難点があります。むしろ，20点の生徒には70点ほどの生徒を相手にします。70点の生徒は，学習が足りないということを実感しているので，自己責任を感じ，相手のために，もっとできるようになろうと努力します。ペア学習の唯一のルールは「答えを言ってはいけない。相手にハッと気づいてもらう」です。協働学習(互恵学習)を進めるとき，これが大きな学習効果を上げます。

　教室は，生徒一人ひとりが主役となって学び，「心のバトン」をつなぎあう場所，そして「未来の自分」にバトンをつないでいく場所です。

　不登校だったある女子生徒は，家に届くリレー・ノートをきっかけに，登校できるようになりました。生徒たちは，英語の最終授業が終わってからも「卒業までリレー・ノートを続けたい！」と要望しました。そして，卒業式前日までの1週間，自分たちだけでリレーを続けました。ノートは，忘れられない思い出，仲間や学年の先生への感謝の気持ちで満ち溢れていました。

　生徒の「もっと学びたい」「仲間とつながりたい」という気持ちを大事にすること，そして，それが実現する場面を提供するのが教師の「編集力」です。彼らの心に火をつけたのは，リレー・ノートという形ではなく，生徒の本音を引き出した教師のぶれない教育理念です。

---

*ソシオメトリー：ソシオメトリック・テストとも言う。質問紙を用いることで，集団の構成員の関係性を明らかにする方法。友好な人間関係を考え，より学習効果が高まるペアリングやグルーピングをすることを目的として使うことが多い。ただし，養護教諭や担任など同僚の意見も参考にしたい。

4-5 ICTで「協働学習」を仕掛ける
どんな「足場かけ」ができるか

キーワード　協働／足場かけ／気づかせたいこと
ツール　アンケート

4-5-1　端末の活用を「足場かけ」として捉える

　生徒が「やりたい！」という気持ちになった後，どのような指導が必要でしょうか。それは，教師が，使うものを全て指示するのではなく，生徒が選ぶという学習に切り替えることです。

　学習指導要領が変わり，評価が3観点になってから，定期テストの設問が大きく変わりました。今までは，教師の「～しなさい」という指示でしたが，「もし～という状況なら，あなたはどうしますか。あなたの考えを書きなさい」というように，目的・場面・状況を明確に伝え，最後は生徒自身の自己選択・自己決定につなげていく必要があります。

　テスト形式を変えるだけでなく，同じように授業自体も変えなければいけません。授業は，相変わらず教師主導（教師ファースト）で進めておきながら，テストになった途端に，急に「あなたの考えを書きなさい」と相手に委ねる設問（「相手ファースト」を演じる）を用意したとしても，日頃から慣れていない生徒はどう答えていいかわかりません。

　本章で紹介してきたN先生は，他にも端末を活用して生徒がテストの予想問題を作る活動に取り組んでいます。インターネットなどから見つけた画像を貼り付けて器用にピクチャー・ディスクライビングの問題を作ったり，答えの解説文の書き方にこだわり，わかりやすさを追求したりと，英語が苦手な児童も，問題作りを楽しむようになっていったようです。

　問題を共有して解き合うと，静寂の後，堰を切ったように，お互いの問題について議論が始まりました。端末のアンケート機能を使って，「『問題』と『解説』の質が"ひときわ"高かったのは誰のものですか。3名選びなさい」という集計をリアルタイムでとることもできます。

　アンケートで選ばれた児童の問題は，他のクラスの人にも共有されるので，

より一層，問題作りに力が入ります。記述欄に誰がどのような答えを書いたのか，また，設問ごとの正答率も作成者は見ることができます。

このような取り組みを続けていると，まとめのテストが近づいたある日，クラス代表の児童が次のように提案してきました。「クラスにいる各教科が得意な人に頼んで，朝の5分間で解ける確認問題を作ってもらおうと思っています。それで規定の点数に届かなかった人に声をかけて，1日1教科ずつ，昼休みに勉強会を開きたいのですが……。問題を作った人には，その日の講師役を務めてもらいます。クラスの取り組みとして，やってもいいでしょうか？」教師が「今日の昼休みは勉強会だぞ」と言っても，児童はサッサと逃げてしまうかもしれませんが，自分たちで企画した取り組みであれば，楽しいイベントとして参加するようになります。

講師役の児童は，わからなそうな顔をした子も遠慮なく指名するので，受ける側も気が抜けません。実際に，昼休みの終わりを知らせるチャイムにも気づかないくらい，児童は楽しんで学習したようです。

何より，実際にテストの点数が伸びた子どもが相次ぎ，どの児童にとっても自己肯定感が高まる取り組みになりました。

端末を活用することは特別なことではありません。N先生が児童を信じてチャレンジしたように，端末も児童が学ぶための足場の1つとして活用してみることです。その足場がきっかけとなり，仲間と協働して自発的に学ぶ児童の姿に出会うことができます。

4-5-2 ICTの活用で自分の授業に欠けていたものが見える

池を優雅に泳ぐ白鳥。水面下で，足を懸命に動かしていることなど，見た目にはわかりません。見えない部分には，なかなか気づけないものです。生徒も同じです。普段，教師が学校で見ている生徒の姿は，その子のほんの一部分ではないでしょうか。

"見えないもの"は，ICTの活用によって"見えて"きます。以前勤めた定時制高校では，中学生向けの学校見学会で，生徒が主体となって学校の説明や紹介をしていました。元は対面で実施していましたが，コロナ禍で，オンラインで実施したことがありました。

生徒は，Zoomを使って，オンラインの画面越しで学校の紹介をします。すると，普段は緊張してなかなか自分の思いを語れない生徒が，堂々と語って

いました。対面では，恥ずかしい，失敗したらどうしよう，と人の目があって緊張している生徒たちでした。しかし，オンラインでやることで，緊張が薄れて話ができていました。

　オンラインのやり取りで自信をつけた生徒は，対面でも自分の思いを生き生きと語れるようになりました。ICTの活用をきっかけとして，自分の思いを人前でも表現できるように変容したのです。

　それは授業でも同様です。教師が学校に，生徒が自宅にいて行うオンライン授業では，教師はPowerPointなどを使って説明し，チャット機能を使って，生徒から意見や考えを集めるというスタイルの授業をする先生が増えています。そんなオンライン授業をした先生が感想を述べていました。

　　普段，教室では発表しない生徒が，チャットを使うことで堂々と意見を述べています。オンライン授業をするようになって，ICTによって活躍できる生徒がいることがよくわかりました

　ICTの活用が，生徒の新たな一面の発見につながっていきます。また，オンラインで全員マイクをオフにしてリテリングをしたり，1人1つのブレークアウト・ルームを設定して1人で読みの練習をしたりと，工夫次第で，今までにない学びの場が生まれていきます。

　ブレークアウト・ルームを活用し，少人数で話すことで生徒同士の関係も深まります。終了後は，みんな笑顔で戻ってきます。自分が表現でき，仲間と学び合えたからでしょう。

　生徒の成長につながる場面をどう用意できるかが問われるのは，対面の授業でも同じです。

　以前，ある中学校の授業を見学したときのことです。単元の後半の授業で，パフォーマンス・テストとして「世界の中学生に聞いてほしい曲」というテーマで生徒がスピーチをしていました。「世界中で人気のインターネット番組にビデオ出演してスピーチをする」という場面が設定されたことにより，生徒はごく自然に英語でのスピーチに取り組むことができていました。生徒は，自分の紹介したい曲に合わせて，Wordでポスター，PowerPointでスライドを作成しました。

　PowerPointを使うことを教師が指示したわけではありません。生徒がス

ピーチに必要なものを考えて，主体的に準備をしたのです。どの生徒も原稿を手書きでしっかりと書いていました。書くことで自分の理解度を客観視でき，内容を確認することができます。書くというアナログの行為も，ICTと組み合わせることで，生徒のスピーチ，自己表現を支えていました。スピーチの様子をグループの友だちが端末を使って録画することで，自分のスピーチがどうだったかを客観的に分析できます。

　大阪府寝屋川市が取り組んできた英語プレゼンテーション（自分でスライドを作り，壇上でリモコン操作をしながら，自分が関心のあることを英語で伝える。その後，内容についてネイティブから質問され，即興でそれに2文以上で答える）の実践が，大阪や神戸，そして全国に広がっています。

4-5-3 「ギャップ」があると，逆に学びたくなる

　プレゼンだけでなく，日々の授業でも生徒たちの様々な考えを知りたいところです。特に，端末を活用すると簡単に生徒の考えを知ることができます。そのため，教師がどんな意図を持って生徒の考えを取り上げるかがポイントとなります。

　ある日，中堅のU先生から質問がありました。「生徒は，友だちの考えに耳を傾けようとしません。もっと，お互いに学び合う授業にしたいのですが，どうすればいいでしょうか」

　U先生の授業を見てみました。何人かの生徒が自分の考えを発表します。しかし，どの生徒も同じ考えの発表でした。U先生は，平等にすること，公平な指導を大切にしたいという考えのようでした。

　班の発表でも，同じ内容が続くと，途中から生徒は聞かなくなります。同じ考えや答えが続く発表では，多様性，違いがないため，生徒の「もっと知りたい」という気持ちは生まれないからです。

　そこで，授業後に，U先生と一緒に考えてみました。

．．．

　　筆者：U先生は，人の考えを聞きたくなるのはどんなときですか？

　　U先生：自分にない視点のある考え，新しい視点，知的好奇心をくすぐられるときです

　　筆者：同じ種類のりんごが3個入った商品と，3種類のりんごが入った商品では，どっちが気になりますか？

U先生：後の方です

　筆者：なぜ，そう思うの？

U先生：どこが違うのかを知りたくなるからです

　筆者：生徒も同じではないですか？

....

　違い（ギャップ）には，information gap（情報の差），opinion gap（意見の差），reasoning gap（理由の差）などがあります。どんな情報を用意すれば，生徒は関心を持つのか。多様で異なる意見が出るためには，どんなテーマにすればいいのか。または，意図的にどんな立場を作ればいいのか。考えはじめると，教師自身も楽しくなってきます。

　英文の間違い探しや，単調な英文をバージョン・アップする活動も「ギャップ」の指導として有効です。間違い探しは，文法や語彙を正しく理解していないとできません。また英文をより相手に伝わりやすい内容にする活動では，topic sentenceやsupporting detailsの具体的な書き方，パラグラフの流れなどの具体例を指導しておくことが望まれます。さらに，順接，逆接などの有効なdiscourse markerを一覧にして与えておくという見通しも必要です。

　U先生は，ギャップが生まれやすい課題にチャレンジさせました。生徒を観察していたU先生の声かけが，どんどん変わっていきました。

① グループで学習している生徒に対して

　まずU先生は，生徒がどんな考えをしているのか，机間指導で生徒の学びを把握していきます。AさんとBさんが違う考え方をしているのを発見して，こう声をかけました。

U先生（つぶやくように）「あれ？　AさんとBさん，考え方が違うね」

　このように声をかけることで，AさんとBさんだけでなく，グループの他の生徒も，自分の考えと仲間の考えを比べて，さらに思考を深めていくことができます。

② 全体で考えを共有する場面で

　クラスで，AさんとBさんが自分の考えを発表した後，U先生は全体に向かって，次のように問いかけます。

U先生「2人の考え方は違うけど，どこが違うか気づけた？」

こうすれば，生徒はそれぞれの考えの特徴をとらえて分類するようになります。エラーの入った文を全体で扱うときは，誰の間違いかわからないようにします。たとえば，次のように言います。

U先生「他のクラスで，こんな英文を書いている人がいたけど，あなたたちなら，これをどう直す？」

　タブレット端末や電子黒板を使って，教師が「間違い探し」を仕掛け，同じ内容でも表現方法が違う英文を紹介すると，生徒は目を皿のようにして学ぼうとします。ICTという手段をどう活用すれば，生徒がワクワクするのか。それを考えるのが教師の「編集力」です。

4-6 「教師間リレー」で授業力を高める
「共同」（分担）から「協働」（互恵）へ

キーワード 協働／リレー／自己決定
ツール アンケート

4-6-1 教師同士が「対話的」にものをつなげる

　協働学習にはバトンが必要です。そう聞くと「バトン？　何の？」と思われるかもしれません。GIGAスクール構想の担当の指導主事として，たくさんの学校を訪問しました。2年間で，その数は100回を超えました。しかし，まだまだ自分の未熟さを痛感します。

　しかし，その中で，気づいたことがあります。それは，「GIGAスクール構想の推進には□□□□を作るのが鍵」ということです。

　この□□□□には，平仮名4文字の言葉が入ります。何だと思われますか。答えは「つながり」です。ICTという手段を使うからこそ，何かとつなげる，誰かとつながるという目的は欠かせません。

　英語で「つなぐ」は，3つの言い方があります。1つ目がconnect。これは，中間で何かの媒体があって，2つのものがくっつくというイメージです。2つ目がjoin。これは1つがもう1つの中に含まれる，密着するというイメージです。そして，3つ目のlinkは，結合，接合する。1つが他に影響を与えるというイメージです。ワクワクする授業を作るには，これらの概念をうまく使い分けることが望まれます。

　授業では，次のようなつながりが考えられます。

● 誰と誰がつながるのか
・生徒と生徒　・生徒と教師　　教師と教師　・生徒と地域社会
● 何と何をつなげるのか
・既習事項と未修事項　・生活と教科　・教室と家庭
・授業と学校外の情報　・学校と地域

授業でICTを活用する際に，いろいろなつながりを活かすことができます。GIGAスクール構想の推進にあたり，何よりも大切にしたいのが 教師間 のつながりです。このつながりをどう作ればいいのでしょうか。ここで，神戸市のある学校の実践をご紹介します。

　職員室に入って驚きました。職員室の後ろに大きな一面黒板があり，GIGA黒板と名付けられていました。この黒板では，いろいろなICTの活用方法が短冊となって紹介されています。たとえば次のような項目です。

・生徒が，端末のカメラ機能を使って写真を撮る
・生徒が，協働学習ツールを使ってファイルを提出する
・生徒が，電子黒板を使ってプレゼンテーションをする
・生徒が，タブレット端末を使ってスピーチをする

　このような項目に対して，それに取り組んだ先生はチェック欄に✓を入れていきます。すると，まだそのツールを活用できていないクラスが明確になります。同じようなことを，読者の皆さんの学校でやってみるとどうでしょうか。ひょっとすると，競争になってしまうかもしれません。さらに，「T先生は遅い」と言われたくないから，渋々やるという活動になってしまう可能性があります。

　しかし，この学校はそうではありませんでした。「C先生が困っているから，みんなでサポートしよう」という協働体制ができていました。校長先生は，次のようにおっしゃっていました。

　　ICTが得意でない先生も，次に何をやったらいいかがわかるようにしています。GIGAが始まったことで，わからないことを共有するようになり，職員の協力体制がさらに強くなりました

　ICTについて，教師のモヤモヤ感を「可視化」すれば，仲間で支え合うことができます。教員がスクラムを組んで，堅固な組織（ワン・チーム）を作ることで，健全な教育を提供できるのだと痛感します。

4-6-2 教師間の「生徒理解」観を共有する

　「タブレット端末を使いはじめてから，生徒が授業に集中しなくなった」。筆者のもとには，このような悩みがよく届きます。

　授業中，Ａさんがタブレット端末を使って授業に関係ないことをネットで検索しているのを見つけます。そんなとき，皆さんなら，Ａさんをどう指導しますか。もちろん，「ちゃんと授業に集中しなさい」と言うことはできます。Ａさんの端末を取り上げて，しばらく使用禁止にすることも可能です。

　しかし，問題はネット検索をしていたという表層部分ではなく，Ａさんの深層心理にあります。なぜネットを検索していたのか，何を調べようとしていたのでしょうか。何よりも，そのとき，授業では何をしていたのでしょうか。

　本当に，問題はタブレット端末にあるのでしょうか。もしかして，端末を使うときのルールが徹底されていなかったからかもしれません。授業の内容がわからなくてつまらなかったのかもしれません。操作がわからず，ついていけなかったことも考えられます。確かに，端末はノートと違って集中していないのが目立つのですぐにわかります。

　しかし，Ａさんはタブレット端末が導入される前も，ノートに落書きを書いていたかもしれないのです。教師の話を聞いているフリをして他のことを考えていたかもしれません。

　筆者たちも，講演の内容がおもしろければ，身を乗り出して聞いたり，メモをとったりします。しかし，そうでなければ，他の仕事をしたり，ついウトウトしたりしていないでしょうか。そう考えると，端末が悪いとか，生徒が悪いと一概に決めつけられません。

　むしろ，「端末を使って遊んでいた」という表面的なことを捉えるのではなく，「なぜ，Ａさんは集中できなかったのか」「筆者の授業の進め方に問題があったのではないか」と，生徒の立場に立って考えたり自らを顧みたりする方が生産的であり，授業改善にもつながります。

　「タブレット端末を使いはじめてから，筆者は黒板の前（定位置）から離れることが多くなりました」。こう言う先生がたくさんおられます。こうも言われます。「最初は，ちゃんとやっているか，操作で困っていないかという確認でしたが，だんだん，生徒の豊かな感受性や驚くような発想に舌を巻く場面が増え，机間指導が"宝探し"のようになっていきました」。大切なのは，この

ように，教師の観察眼と気づきのセンサーの感度を上げることです。すると，こんなつぶやきが生まれます。

....

「Aさんは資料から根拠を読み取ることが得意だな」

「Bさんは仲間に聞きながら上手に学んでいるな」

生徒の些細な変化にも気づけるようになります。

「あれ？　Cさんの表情が昨日までと違うぞ」

「Dさんは，いつもよりぼーっとしている時間が多いな」

やがて，その気づきを同僚と共有するようになります。

「今日の授業でDさんの様子が……」

「そういえば筆者の授業でもDさんが……」

生徒の情報を職員室で共有することで，生徒理解がさらに進んでいきます。

「Dさんがこの問題ができなくてつまずいていたら，ヒントカードを渡して支援をしよう」

「Eさんが困っていたら，グループに聞くように声をかけよう」

「Fさんなら，この課題をすぐにできるだろうから，終わった後のために次の活動を用意しておこう」

....

　信頼感はすぐには生まれません。しっかりと生徒を見ようとする，そして仲間と観察で得た情報を共有する，そうしたことの積み重ねによって，生徒理解がさらに深まっていくでしょう。生徒のことを理解しているからこそ，編集力を発揮して，ICTも効果的に活用できる場面をつくりだすことができます。このように，生徒理解が全ての根底にあります。

▌4-6-3▐ 「うまくいかない」からこそ大切にしたいこと

　授業でやる課題は，授業の生命線です。それ次第で，生徒が前を向くのか，教室の壁にかかっている時計を見るのかが決まってしまいます。たとえば，比較級の学習で，「2つのものを比べて発表しよう」というありきたりの課題では生徒は乗ってきません。

　しかし，「東京から大阪に行くには，新幹線と飛行機ではどっちがオススメか」という課題を提示すると，生徒の食いつきが全く違います。ポイントは「オススメ」という言葉です。これは自己決定を促し，自分の価値観，さらに

はネットなどで調べたアハ体験なども入れることができるからです。

　比較級は，大きさ，速さ，高さなどの比較から入り，やがて主観的判断（面白い，難しいなど）に入っていきます。落とし所は，情報を自分で調べて，根拠を持って比較することです。ネットから選んだ複数の写真を根拠として示しながら，相手にプレゼンテーションをしていきます。それに対して，相手は質問し，納得できたかどうかをコメントします。そのような学習が，思考力，判断力，表現力を育成します。

　しかし，なかなかうまくいかないことも多いかもしれません。筆者も初任の頃，授業がうまくいかず，職員室でしょんぼりしていました。すると，隣の席の先生が声をかけてくださいました。「どうした？　何かあったか？」これをきっかけにして，筆者は生徒や授業についてたくさん相談することができました。同僚の声かけがなかったら，今の筆者はなかったかもしれません。同僚との強いつながりがあれば，たとえ授業や生徒指導でうまくいかなかったとしても，卑屈にならず，素直にアドバイスを受け止めることができます。筆者の場合，周りのことによく気づいて下さった先輩のおかげで生徒を見る視点が増えました。

　授業づくりで悩むことがあれば，自分だけで悩まずに，思い切って同僚の先生に相談してみるといいでしょう。同僚がパソコンに向かって仕事をしている姿を見ると，つい「今，お忙しいのでは？」「こんなことも知らないのか，と叱られるのではないか？」と考えがちです。しかし，ベテランの先生も，若いときは同じように悩み，そして先輩に相談をされていました。

　学校は組織（チーム）で動きます。ラグビーの日本チームがワールドカップで輝かしい成績を残したときに，話題になったのが「ワン・チーム」という言葉でした。皆さんも，組織のかけがえのない一員です。他人と比べるのではなく，あなたが担当する生徒から「この先生でなければ」と信頼されることで，あなたのidentityは確立されます。

　これから，ICT教育，デジタル教科書，電子黒板が当たり前になっていくでしょう。しかし，学校では，温もりのある教育，それを支える職員室の文化を守り続けなければなりません。

　POPEYE（2021年5月）に，『孤独のグルメ』作者の久住昌之氏のインタビュー記事が載っていました。彼が25歳で著した『近くへ行きたい　秘境としての近所—舞台は"江ぐち"というラーメン屋』では，なんの変哲もない

ラーメン屋を取り上げています。彼は店主や客を丁寧に観察し，想像力で1冊を書き上げたのです。インタビュアーから「面白くする秘訣」について聞かれた彼はこう答えます。

　そうやってすぐに結論を出そうとしたら面白くないよ（笑）。ボクは，すぐに答えが出ることより，だんだんわかることが好きなんだよね。普段使いの店なんて，自分で見つけるものなんだから，インターネットに頼らないで，近所を散歩したらいいじゃない。自分の足で探して，とりあえず入って，居心地が良ければ何回も行く。すると，徐々にお店の人間模様が気になったり，わかってきたりするのが面白いし，そういう面白さってネット情報には出てこないからね。

　これを読んだ瞬間，なぜ『孤独のグルメ』があんなに面白いのか，その理由がわかったような気がしました。自分の足と自分の五感を使って考えるからこそ楽しい。教師として，ずっと大切にしておきたい視点ではないかと思います。

第5章

「授業改善」に役立つ，とっておきの習慣

第5章の内容とつながる格言
(Related Quotes)

＊格言は，自分が「そうか！」と納得できたとき，「名言」となります。

The human race has one really effective weapon, and that is laughter.
—Mark Twain

The man who has no imagination has no wings.
—Muhammad Ali

Laughter is timeless. Imagination has no age. And dreams are forever.
—Walt Disney

Don't judge a man until you've walked a mile in his boots.
—Teachings of Native Americans

5-1 やっぱり,「遊び心」,「笑い」そして「ナッジ（nudge）」

5-1-1 ワクワクする気持ちは「遊び心」から生まれる

　第2章から第4章まで，教師の「本質を理解する読解力」,「内容を精選する要約力」,「ワクワク授業を組み立てる編集力」という3つの力に主眼を置いて紹介してきました。

　大切なことは，これら「3つの力」は，生徒と真正面から向き合うことによってこそ身につくということです。教材研究は文法定着のプリント作り，音読指導は "Repeat after me." オンリー，日々の課題は教師がさせたいこと，教師の発問は「事実発問」ばかり。このような一方通行の授業は「相手ファースト」の対極にあるものです。

　「相手ファースト」は，「書くこと」によって，本当にそれができているかどうかを自分の目で確かめることができます。日常的に言語化することは，それほど大切だということです。自分自身が楽しく書くこと，相手目線で書くことを習慣にしている教師は，そのワクワク感を生徒にも提供しています。

　第5章では，「授業改善に役立つ，とっておきの習慣」を紹介します。「習慣」は，その人にとって当たり前で，それをしないと落ち着かず，居心地の悪さを感じることです。「当たり前」だと思っておられる皆さんの今の「習慣」が，生徒主体の授業づくりに役立っているのか，空回りしていないかをぜひご確認ください。

　最初にお勧めする習慣が，「遊び心」を持つということです。本書には，あちこちに「遊び心」が登場していたのを感じていただけたと思います。執筆者全員が，その有効性を実感しているからです。

　「遊び」という言葉を聞くと，なんだか楽しくなり，そしてどことなく懐かしさを感じられませんか。小さいとき，心から遊びを楽しみ，暗くなるまで夢中で遊んでいた思い出が蘇るからです。

　「遊び心」は「いとをかし」から始まります。小さな子どもが抱くような好奇心です。好奇心から始まり，想像力と探究心が培われ，やがてそれは創造力へとつながっていきます。

何よりも大事なのは想像力です。想像は，誰からの束縛もなく自由にできることです。「こうなったらいいな」ということを想像していると，なんだか楽しくなってきます。授業でも，想像力を豊かに発揮できるようにすることが，学習意欲，さらには学力向上につながります。

　しかし，現実はどうでしょう。「教師は，子どもたちにとってロール・モデルなんだから間違えてはいけない」という窮屈な考えから，いつしか「遊び心」を忘れてしまい，「正しい答え」だけを追いかけていないでしょうか。また，教科書の進度で頭が一杯になると，「そんな余計な時間なんてどこにあるの？」と考えてしまっていないでしょうか。

　一方，子どもたちの方は，「遊び」に関してまだまだ現役です。遊びたくて仕方がありません。と，同時に，いろんなことを「遊び感覚」で楽しむ方法も知っています。だから，「遊び心」が満載の授業には飛びついてくるのです。

　だとすると，すでに答えは出ています。教師が童心にかえって，自分がワクワクしたときの「遊び心」を取り戻すことです。

　遊びには，決められたゴールはありません。臨機応変，自由自在です。

　遊びの中で生まれるのは「想像力」です。世界中の人たちに夢を与えているディズニーランドの生みの親，Walt Disneyは，「ディズニーランドは永遠に完成しない。この世の中に想像力が残っている限り，成長し続ける」と言いました。想像力がいかに大切かということを知っていたのです。これからの時代に，学校教育で必要なのは，想像力豊かな生徒たちを育てることです。

　schoolは，もともとはギリシャ語の「スコラ」からきており，その語源は「余暇」です。これは「暇」や「ゆとり」というよりは，“幸福を実現するための自由で満ち足りた時間”という意味です。人は，自由度が高いほど，ものごとを「自分ごと」として捉えるようになります。

5-1-2 みんな，「余暇」や「遊び」の中でひらめいた

　エドワード・M・ハロウェル（精神科医）は，「コロンブスは遊んでいるときに，地球が丸いことを思いついた。ニュートンはぼんやりと心を遊ばせているときに，木から落ちるリンゴを見て万有引力の着想を得た。シェイクスピアは言葉遊びを生涯やり続けた。モーツァルトは寝ているとき以外は常に遊んでいた。アインシュタインは実験という行為こそ，精神が遊びを求めている何よりの証拠だと考えた」と，精神科医の立場から，余暇の大切さ，遊び

の大切さを紹介しています。

「遊」という漢字の中には「子」がいます。「学」の中にも「子」がいます。つまり，遊びも学びも，子どもたちが「ど真ん中」（主体）にいなければならないということです。

子どもたちが遊んでいるときは，自分が主体となっています。「遊び」をもっと面白くするために，自分の頭で考え続けています。授業も，自分ごとになることが多ければ，学期末のアンケートで「不思議な授業だった。いつしか力がついていた」「教科書がいつの間にか終わっていた」「英語の授業は，時間が経つのがいつも早く感じた」といった感想が出てくるようになります。

それらは，「楽しい」気持ちで授業を受けていると，時間のことなど忘れてしまうのだということを教えてくれています。

本質さえおさえていれば，必ず，心にゆとりが生まれてきます。「勉強にも遊びの部分は必要。遊び心は大いに結構」と考える度量の広さが，今，私たち教師に求められているのではないでしょうか。

昨今の「働き方改革」の背景にある教員の「多忙感」も，優先順位を間違えていること，ワクワクすることが減っていることが1つの要因となっているように思います。なぜなら，皆さんが「楽しい」と感じているときは，決して「忙しい」とは思わないからです。

5-1-3 明るい「笑い」のある環境で人は真っ直ぐに育つ

『トム・ソーヤーの冒険』を書いたマーク・トウェインは，小説やエッセイを執筆するだけでなく，世界中で講演活動を行っていました。なぜ，人は彼の話を聞きたがったのでしょうか。

彼は，「人間とは何か」という原点について真摯に語り，そして得意のユーモアで聴衆を大いに沸かせました。

もともと，私たちの脳は「笑う」ことが大好きです。ワクワクする授業を展開する教師は，「笑い」を大切にしています。それは，教師がネタで笑わせることではありません。学級経営，授業マネジメントの基本は「居心地のよさ」を感じられることです。教師は，生徒の心を開放し，誰がジョークを言っても大丈夫，受容するという懐の大きさを見せることです。教師は，時には「ボケ」役を演じ，また時には「旬」のタイミングで，明るく生徒にツッコみます。

「学習規律」とは，本来，教師がスムーズに授業をするための決め事ではな

く，個々の「学習権」を保障するために，クラス全員が協力し合うための約束事です。それは，教師が温かい眼差しで全員と目をつないで話す，早く終わった生徒や遅れている生徒が，今どういう状況なのかを瞬時に察知し，適切な指示や言葉かけができているということです。

　教師が明るい言い方をしていると，生徒も親近感を持って，絡んでくる（ツッコミを入れてくる）ようになります。

　教師の温もりある言葉かけの例を示します。●はネガティブな言い方，そして○は，その言い換えの例です。これを，生徒になったつもりでお読みください。どんな気持ちになるでしょうか。

●「言ったことをちゃんと聞いてない奴がいるな。ちゃんと聞いとけや」

○「(間違ったやり方をしている生徒がいることに気づき) 言い方悪かったかな，ゴメンな。ちょっと言い直すね」

●「終わった？　まだ？　はよせえや！」

○「まだ，時間が欲しい人いる？　ちょっと手を上げてくれる？」

●「おい，M！　こっち見んかい。何しとんねや」

○「Mくん？　見ていてや」(穏やかな言い方で)

●「みんな，待っとんねやで。急げや」

○「(1人書き終わるのが遅れていた) ちょっと待ちましょう」

●「なに，しゃべっとんねん？　腹たつな」

○「集中してやっている人が多いようだね。ありがとう」(感謝する)

●「次のカードを用意して。それを使って，次はこうするで」

○「ああ，いいね。よければ，カードも見てごらん」(ヒントを与える)

●「まだ，授業は終わってません！　まえ向きや」

○「(終わる時間が延びてしまって) ゴメンな，チャイムが鳴っちゃったけど……」(時間が延びたことを詫びる。「時間の大切さ」も伝わる)

　比べてみて，何が見えてきたでしょう。○は，「愛読書は学習指導要領です」と言っている保健体育の先生の言葉です。彼の授業は，終始，明るい笑いで満ち溢れていました。心を開放することが，学級の居心地の良さにつながっていたことを証明しています。

　生徒の心を開放するには，教師自身が穏やかな気持ちで接し，教師側のミ

スが見つかれば，変なプライドは捨てて，素直に謝ることです。

　生徒は「温かさ」と「厳しさ」の幅が広い教師を尊敬します。人に迷惑をかけたとき，ウソをついたときは厳しく叱る。忘れ物や遅刻は「怒る」のではなくビシッと叱る。しかし，指導した後は，ずるずると後に引かない。指導するときに前にあったことを持ち出さない。何もなかったかのように，生徒と明るく向き合う。そのような教師の姿を見て，生徒は安心して授業を楽しむようになります。

　温かさとは，表面的なことをほめるのではなく，成長や努力を認めてくれ，自分のことのように喜んでくれる，兄弟や家族のことも知っていて，心配してくれるような，教師の人間性です。そんな教師のクラスでは，日々，笑顔と明るい笑い声が絶えません。

▶5-1-4◀　「ナッジ」を意識すると，考え方がポジティブになる

　人の行動をそれとなく促すやり方や言い方を，ナッジ（nudge）と言います。*COBUILD*には，If you *nudge* someone, you push them gently, usually with your elbow, in order to draw their attention to something. If you *nudge* someone into doing something, you gently persuade them to do it. と定義されています。また，*Cambridge English-English Dictionary*には，to encourage or persuade someone to do something in a way that is gentle rather than forceful or direct. と書かれています。（下線は筆者）

　この通り，nudgeとは，肘でそっとつつくこと，「ほら！」と促すこと，優しく説得することです。ポイントは，どうすれば相手に気持ちよく動いてもらえるかを考えることです。そのためには，教師の命令や指示ではなく，生徒の自己決定に委ねる言い方，彼らが「得をする，便利だ」と思えるような伝え方をすることが大事です。

　今から30年前，オランダの文部省（当時）の招待で，オランダ全土の小中高校を回る機会を得ました。滞在中，筆者は車で移動していて，不思議な光景を見ました。信号がないのです。代わりに，所々で道路が交差している場所には大きなセンターサークルがありました。そこでは，車は止まらずに，順次合流し，行きたい道路のところで出

オランダのラウンダバウト

ていきます。文部省の方から，ラウンダバウト（roundabout）というのだと教えてもらいました。こうすると，信号無視による事故，黄色で突っ込むということは起きません。

　もちろん，車が来ないのに，ずっと赤信号で待つということもありません。しかし，タイミングを測らないと合流はできません。自己判断でサークルに入っていかねばなりません。自然に譲り合いの意識，相手意識も生まれます。

　道路には，あちこちに大きな防御ネットが設けられていました。ちょうど，バスケットボールのゴールネットのようになっており，車から狙って空缶などをシュートできるようになっていました。ゴールが用意されていると，挑戦したくなるのが人間の心理です。かくして，ゴミは1か所（外れたとしても回収しやすい）に集まるようになったようです。余談になりますが，「ナッジ，トイレ」で検索してみると，面白いかもしれません。

　このように，「規制」や「注意の喚起」とは真逆の「したくなる」サインや具体物があちこちに見られました。いずれも，「ナッジ」が生かされていることがわかります。「禁止」から始まらないといううながしの働きかけから，大いに学ぶことができます。ネガティブな感情を与えることなしに相手を自発的に動かすということです。

5-1-5 「ナッジ」は人を自然と動かす

　混んでいるお店に入ると，店員が「混んでいるので，10分ほどお待ちいただけますか？」という言い方をします。一方，行列ができる店は，店主自らが「できたてをご用意しますので，10分ほどお待ちいただけますか？」と言います。理由が違うだけで印象がずいぶん違いませんか。

　迷惑駐車が多い場所には，「駐車禁止」とか「ここに車を停めないでください」という張り紙がされています。しかし，効果があるのは「盗難，いたずら多発。注意！」という張り紙を出してある方です。命令しなくとも人がそこに駐車したくなくなるよう誘導しているのがわかります。

　身近なナッジの例はコンビニです。コンビニの棚に置いてあるものは，レジに向かうにつれて思わず買ってしまうように並べられています。これは「購買者の心理」を生かした順番なのだそうです。

　店内の奥には，「食」に関するものとして，弁当，おにぎりや惣菜などが置かれています。また，「これもついでに」と思うように，目に付きやすい場所

にスウィーツやスナック菓子が置かれています。

　極め付けは，レジ横のホット・ショーケースに並んでいる揚げたての唐揚げ，焼き鳥，肉まん，そしておでんです。美味しそうな匂いがしてくれば，衝動買いをしてしまいます。購買者の意識をつなげていくという面では，見事な「バトン・パス」になっています。コンビニに入れば，自然と財布の紐が緩むのもよくわかります。

　大学で行われる学期末試験の会場では，後ろの席から埋まっていきます。担当の教員が「前に詰めてください」と指示をしてもなかなか動きません。しかし，あることを言うと，前から詰めはじめます。それは，「試験後は前の方から先に退出してもらいます」という言い方です。大教室の場合は，後ろにいると，かなり待たなければならなくなります。すると，後ろに座っていた学生はすっくと立ち上がり，前に詰めはじめます。

　このように，刺激を与えて，自己決定に任すのがナッジの特徴です。

5-1-6 入試対策も「ナッジ」を使えば，自信になる

　授業での言い方や指示を，このナッジを参考に変えてみましょう。

　入試問題への対応は，教科書を終えてからと考えがちですが，3年生の2学期からでは遅すぎます。なぜなら，3年になると実力テスト，模擬試験が目白押しで，それに自信を持って取り組ませる必要があるからです。ですから，大学共通テスト，または公立高校の入試問題が新聞に発表される「旬」の時期，2年生の3学期に入試問題を配ります。

　可能であれば，リスニングの音声も入手しておきます。

　生徒たちは「うわぁ，この長文，なげぇ！」「こんなにあんのぉ？」と一斉に悲鳴をあげます。そのときに，どのような指導をするかが大事です。

　「これができるには，3時間以上勉強すること」「予習，復習は必ずやること」と言ったところで，具体的な目標がない生徒には馬耳東風です。

　そこで，ナッジを使います。「来年は，あなたたちの番だね。じゃ，この入試問題が解けるようになるには，どんな力が必要だと思う？」

　生徒たちは，口々に「単語覚えなきゃ」「長文が早く読めること」「習った文法の復習」「リスニングの速さに慣れる」というようなことを言います。しかし，膨大な量に圧倒された生徒は，どの顔も不安そうです。

　「そうだね。でもね，案外，できちゃうもんなんだよ。じゃあ，試しにどこ

までできるか，やってみようか？」とさりげなく言います。

「ゲ，無理！」「やめて！」「鬼！」"No way!"とブーイングの嵐です。

教師は，その声が聞こえなかったかのように，2年生でもできそうな問題を3つほど取り上げます。最初から全ての問題をやらせるのはNGです。前もって，今の力でできる問題を「スキャニング」（必要な情報だけを探し出す技術）で選んでおきます。生徒は蛍光ペンを用意し，教師の指示で，すでに習っている表現形式の部分を塗っていきます。すると，視認性が高まり，既習事項や今の学習状況が浮かび上がってきます。

人は，どんなものであっても，真っ白な状態では不安が募ります。実際以上に難しいと考えてしまうものです。しかし，このように，「やったよ，できるよ」という部分を順に塗りつぶしていくと，安心できます。

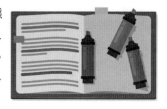

蛍光ペンで塗っていく作業で「懐かしい部分」がどんどん登場してきます。この意味づけによって，ストンと腑に落ちた生徒たちは「ああ，やった，ここ」「何だかできそう」「なんだぁ，全部3年の内容じゃないんだ」とつぶやきます。

入試問題をファイルに綴じたら，「3年生になったら，新しい文法を学ぶたびに，こうやって入試問題で確認をしていきます。すると2学期には，ほぼ蛍光ペンでいっぱいになるはずです。自信を持って入試に向かえますよ」と伝えます。中3なら，現在完了，分詞，関係代名詞といった学習が終わるたびに，その部分を見つけて訳してみるように指示します。さらに，「解ける問題はないか，やってごらん」と問いかけます。家庭学習にすることもできますが，むしろ，クラスでやった方が，効果が上がります。クラス仲間の声が聞こえることで，「みんなと勉強している。1人じゃない」という気持ちになれるからです。

▶5-1-7 「ナッジ」で相手目線が習慣になる

「全て終わってから」とか「今の力では無理だろう」と考えてしまうのは，bottom upの指導（最初から積み上げていく授業）に慣れてしまった教師の思い込みです。教師は，現在の立ち位置を知らせるために，生徒に将来像を描けるような青写真を与えてやり，有意味学習（学ぶ必然性を感じる学習）を推進す

ることが大切です。それは生徒たちの「メタ認知力」を高めるためには必要不可欠なことです。

　授業中、「ifやwhenなどの接続詞は難しいから、ちゃんと授業を聞いておくんだよ」と言われるのと、「ifやwhenなどの接続詞が使えると、語数が倍近く増える。テストでも楽々」と言われるのとでは、生徒はどちらの言い方に良い印象を持つでしょうか。

　前者では、「自分には無理かも」と思うかもしれませんが、後者は「わぁ、やると得かも」という前向きな気持ちになれそうです。では、「不定詞は苦手な先輩が多かった」は、どう言い換えればよいでしょう。

　たとえば、「不定詞を学ぶと、自分の夢や何かをする理由が言えるようになるぞ」とか、「1文の語数があっという間に増えて、入試問題の作文が苦痛ではなくなるよ」と言ってやることができます。

　「やらなければならない」（must）という捉え方をするのではなく、「やりたい、やってみよう」（I will）と自分でふと決心できる。このような暗示的な指導は、直接、教師に指示されたわけではないので、学習者はストレスを感じません。

　「ナッジ」とは、教師の無理強い（引っ張る指導）ではなく、優しい「ひと押し」（後方支援）です。教師の、個に応じた足場かけ、勇気づける言葉かけ、温かい眼差しなどがそうです。同じように、授業もテストもこの教師の「ナッジ」で生徒の自信をつけることが可能です。

5-2 「協働」(コラボ)の精神は、利他から生まれてくる

5-2-1 共同や協同ではなく、目指すは「協働」

今回の学習指導要領の改訂に伴い、文科省は「協働」という文言を使っています。それは「共同」や「協同」とどう違うのでしょうか。

「共同」(Joint)は、一緒に仕事をするという意味ですが、協力し合うというニュアンスはありません。ですから、最初にそれぞれの分担を決め、最後に合わせるようになります。学校現場では、時間が限られていることや教師の責任と能力を鑑みて、仕事が共同になることが多いようです。しかし、残念ながら、最初にジグソーパズルの完成図を共有しなかったり、お互いの経験に任せてスタートしたりするため、途中で行き違いが生まれ、「こんなはずではなかった」と思うことがよくあります。

「協同」(Cooperate)は、目的を理解し、力を合わせて仕上げるという意味です。2つの円が交わらずに存在し、互いの足りないところを補完するようなイメージです。

ちょうど、ビートルズのジョン・レノンとポール・マッカートニーが作った曲の多くがその関係でした。彼らは、どっちがA面に採用される曲をたくさん作れるかで競っていました。ですから、基本的には1人で作り、お互いが作った曲に対して、アドバイス(一部修正, 一部共作)をし合いました。しかし、ポールが自分の作った"I Saw Her Standing There"へのジョンのアドバイスに感心したことをきっかけに、互いに最後の仕上げは知恵を出し合うようになりました。

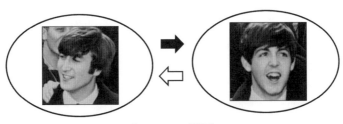

Cooperate(協同)

3つ目の「協働」（Collaborate）ですが，協同とも似ていますが，どちらかというと，結果として何か新しいことが生まれてくるというイメージです。ベン図のAとBの2つの円の重なった中央の部分が，2つの相互作用によって新しく生まれた C です。

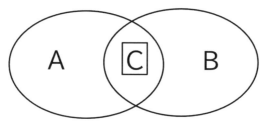

Collaborate（協働）

　また，協働では，そのプロセスにおいて互いに良い影響（互恵）を与え合います。先の2つの「きょうどう」との大きな違いは，生産的，創造的な作業であり，参画型（最初から互いの考えを出し合い，関わりを大切にする）であるということです。

　身近なところでは，ダンスとボーカルのコラボから生まれたユニット（グループ）があります。SPEED，AKB48，EXILE，E-girls，BTSなどは，皆さんもイメージが湧くのではないかと思います。

　同業種だけでなく，異業種でも，様々なコラボが見られます。たとえば，家電量販店×アパレル，ガム×文具，アニメキャラ×食品，車×スピーカー，メガネブランド×美容院，飲食店×タクシー，温浴施設×酒の蔵元などがそうです。

　お互いが持っている特別な才能や技術を活かして，新しいものを作り出すのがコラボレーションのメリットです。これからの時代は，インターネットやAIを駆使して，今までできなかった様々なことが可能になります。時空を超えたコラボレーション（現在だけでなく過去とつながること）も現れ，新しいことがどんどん生まれてくるでしょう。

　学校の協働学習では，何よりも相手のことを理解しなければなりません。押しつけるのではなく，共感することです。柔軟に対応できる姿勢，違うやり方で何度も挑戦する意欲を育てることです。

自分でやる方が早いと考え，さっさと仕事を片付けていると，相手の仕事との「のりしろ」が消えてしまい，次第に関係がギクシャクしていきます。白黒（テリトリー）をはっきりさせるのではなく，「グレーゾーン」をあえて作っておき，お互いに迷いが生じたときに「相談」し合うことが，協働のポイントです。

　報告や連絡は，その多くがone-wayです。しかし，相談はtwo-way（interactive）であり，人間関係ができていないと成り立ちません。それが欠けると，「今，忙しいんじゃないか」という遠慮や「これでいいのでは」という独断が生まれてしまいます。

　協働により，仲間のありがたさ，大切さが見えてきます。そのとき，一律に同じことを求めるのではなく，あえて時間差を作ること（巻末のQR資料一覧の「『英語教育』連載3月号」を参照）で「違い」が生まれてきます。時間差ができることで，仲間が考えたことを生かした「リレー」を楽しめるようになります。バトンを引き継ぎ，自分の責務を全うし，さらに次の相手に渡すという仕事は，学年集団をまとめるのに非常に有効に働きます。

5-2-2　「協働」に必要なのは「観察眼」

　「3つの力」が身につくと，相手ファーストの考えができるようになります。すると，自然にrecast（「こういうことだね」とさりげなく言い換えること）やrephrase（生徒が今まで習った英語や，よりイメージしやすい内容で置き換えること）ができるようになります。根底にあるのは，To put yourself in someone's shoes の考えです。意味は，To make effort to imagine how you would feel or act if you were in the same situation as a particular person.（*COBUILD*）ということです。（下線は筆者）

　「メタ認知能力」が高まると，このように「相手の立場」になって考えられるようになります。生徒のメタ認知能力を高めるためには，日常的に「何のためにやるのか」という目的を必ず知らせること（ゴールの認識），今やっていることとその目的を意味づけること，そして彼らの現在地を適宜教えること（中間評価や最後の振り返り）が大切です。

　前述の入試問題の取り組みでもご紹介したように，教師は，先に進むだけでなく，今学習していることを，既習事項や既知の経験とつなげ，「ほら，これができるようになっているよ」と意味づけ，自己評価能力，自己学習能力

が高まるようにしていきます。

評価には，診断的評価（事前），**形成的評価***（事中），総括的評価（事後）があ
りますが，生徒の自己評価能力，相互評価能力を高めるのは，授業中，授業
後に行う教師の形成的評価です。教師のポジティブなコメントは，生徒の自
己評価能力に大きく寄与します。

形成的評価で有効なのが「ほめる」ことですが，この行為が一部の教師に誤
解されているようです。ほめられると嬉しいから，とにかくほめようという
考えの方がおられます。しかし，人がほめられて嬉しいのは，自分が頑張っ
たことで成果が現れたとき，自分の行為に誇りが持てたときです。ですから，
表面的なことでほめられても，「ちゃんと見てくれているんだろうか」と疑っ
てしまいます。

大事なのは，ほめる行為そのものではなく，ほめる内容，ほめるタイミン
グ，そしてほめ方です。必要なのは「観察眼」です。

「観察眼」がある教師は，日頃から情報を集め，観察をしています。そして，
生徒が成長を実感している場面を見逃しません。だから，「おっ！」という場
面に気づけるのです。さらに，旬のタイミングを捉えて，できるようになっ
たことを具体的にほめています。

なかなかほめる機会のない生徒がクラスにいる場合，出たとこ勝負ではな
く，意図的に（preplan）仕事を頼んだり，出力の機会（書く，話す，説明する，
など）を与えたりします。会話の機会を増やすのです。生徒との会話の回数と
教師に対する信頼度は比例の関係です。

どの生徒も，教師が「自分のことを見ていてくれる」「気にかけてくれてい
る」ことを心から嬉しく思います。自分が大切にされていると感じられるか
らです。やがて，それは自己肯定感（self-esteem）につながっていきます。

5-2-3 協働学習の「環境」をどう作ればいいのか

協働学習で大事なのは，居心地のよい環境を作ることです。避けたいのは，
心理的リアクタンス（他者から，させられていると感じること，自分の自由が奪わ
れていると感じること）が生まれるような言い方です。

たとえば，「登録すると，後でお得な情報が得られます」と言われるのと，

***形成的評価**：授業中，生徒を注意深く観察し，質問（発問），簡単なテストなどで学習状態を確認，
把握しようと努めること。教師のコメント，評価（ほめる）の内容も形成的評価と考えられている。

「登録しないと，お得な情報が得られません。ぜひ，今すぐ登録を！」と言われるのでは，後者の方が圧迫感を感じ，つい反発したくなります。

　一方で，人は周りの人の行動や仕草をつい真似てしまう，無意識に取り込んでしまうと言われています。人間の脳にある「ミラーニューロン（mirror neuron）」という神経細胞が働き，「鏡」のように身近な人のやっていることを真似るのだそうです。これは，カウンセリングのミラーリング（相手の言葉を繰り返す，仕草を遅れて繰り返すことで心理的に親近感を覚える）にも応用されています。

　自分が心地よさを感じる表情や仕草が周りにあれば，それを真似るし，逆に威圧的で排他的な言い方が多いと，それに影響を受けてしまいます。「朱に交われば赤くなる」「類は友を呼ぶ」と言うように，いい意味でも，よくない意味でも，人は互いに影響を与え合います。

　人にとって，それほど「環境」は重要です。たとえば，英語らしく発音することを当たり前に目指している（教師がきちんと発音指導をしている）クラスと，恥ずかしがって英語らしい発音をしたがらないクラス（教師が発音指導に無頓着）の違いは，教師の作る環境に生徒たちが順応したことが原因です。

　英語を教える前に，プラス思考（positive thinking）で受容的な集団に育てるにはどうしたらよいか。それを真っ先に考えておくことが不可欠です。望ましいクラスにするためのルールをクラス全体で話し合い，教師がそれに積極的に関わっていくべきです。

　教師は，生徒にとってのロール・モデルなのですから，肯定的な表現を使う，笑顔を見せる，生徒同士が自然に自己開示できるような環境づくりに配慮することが協働学習のポイントになります。

5-2-4　ありのままに「見る」ことで，教師の“sense”が磨かれる

　「あなたは服装のセンスがいいね」とか「これらのデザイン画はどれもセンスがいい」というようなことをよく耳にします。センスとは，物事の感じや味わいを微妙な点まで悟る働き，感覚，判断力，思慮です。英語“sense”の語源はラテン語の“sentire”（センティーレ）で「感じる」という意味です。センスを磨くとは，感じる能力を高めるということです。それは，自身の「反応センサー」の感度を良好にするという意味です。何かを見たときに，ハッとするのはその人のセンスです。生徒指導の際に，何かの兆候にいち早く気づけ

るのも，やはりセンスです。

　私は，初任校が荒れていたとき，ふと立ち寄った本屋でレイチェル・カーソンの『センス・オブ・ワンダー（*The Sense of Wonder: A Celebration of Nature for Parents and Children*）』に出会いました。すぐに『沈黙の春』を書いた著者だとわかりました。何気なく読みはじめると，次の文章が目に飛び込んできました。衝撃でした。

> 「子どもたちがであう事実のひとつひとつが，やがて知識や知恵を生みだす種子だとしたら，さまざまな情緒やゆたかな感受性は，この種子をはぐくむ肥沃な土壌です」「残念なことに，わたしたちの多くは大人になるまえに澄みきった洞察力や，美しいもの，畏敬すべきものへの直感力をにぶらせ，あるときはまったく失ってしまいます」

　当時は，精神的に辛い日々が続いており，その原因を生徒たちのせいにしていました。しかし，レイチェルの言葉で我に返りました。ハッとするのも，ワクワクするのも，その人の「センス・オブ・ワンダー」。子どもたちが荒れるのは，決して彼らのせいではなく，センシティブさ（感じやすさ，handle with careの気持ち）を喪失してしまった大人（自分）のエゴが原因ではないか。そう気づかされました。

　それからは，彼らを丁寧に，ありのままに観察しようとしました。今までのような予定調和の教材ではなく，彼らが伸び伸びと表現する身近な文章の中に「遊び心」や「感性」を見つけようと努力しました。

　彼らが創り出した世界は，まさにワンダーランド（the world filled with wonder）そのものでした。これを引き出すのが教師の仕事なのか。なんでこんな大事なことに，今まで気づけなかったんだろう。私は，生徒たちに心の中で詫びました。

　その後，勤務した学校でも，荒れを経験しましたが，荒れは教師のセンスが著しく低下したときに起こるものなのだと痛感しました。自分自身が，目の前で起きていることに対して，見て見ぬふりをすることは可能です。しかし，間違いなく自分のセンスは鈍化していきます。

　自分のセンスを磨くことで，相手の表情や行動など，今まで気づけなかったことに気づけるようになり，見えなかったものが見えはじめるのです。そ

のとき，協働学習は"互恵学習"に昇華します。

　すると，たとえ問題が起きてもがっかりすることがなくなります。私が学年主任をしていたとき，「中学生の時期（思春期）は，問題が起こるのは当たり前だから，逆にそれを指導することで生徒たちと心がつながる機会になる。ただ，いざというときのために準備をしていこう。授業でも，学活でも自分の語る言葉に責任を持とう」と学年のメンバーに言いました。だから，何か問題が起きたときは「待ってました」という気持ちで対応することができました。

　3つの力が身につくことで，本質を捉え，無駄を排除し，相手に的確に伝えるという流れを素早く考えられるようになります。すると，肩の力が抜け，平常心でいられるようになります。生徒指導でミスをしてしまうことは，できるだけないようにすべきですが，実際，ミスは起こりうるものです。しかし，たとえミスをしたとしても，くよくよしないことです。また，人のミスを責めないことです。

　逆に，そのミスから生まれた問題をどう解決できるか。それを密かに楽しめるようにすることが，自分の人生を豊かにしてくれます。マイナスと考えずに，いかにそれをプラスに転ずるか（そのお陰で力がついた，違う見方ができるようになった）というsenseを持つことです。

5-2-5 協働に必要なのは「双方向」と「啐啄（そったく）」の考え方

　人がやる気になる，気がつくともうやりはじめているという状況のとき，脳では何が起きているのでしょうか。「ああ，それ面白そう」「これ，ぜひ読みたい！」。そう思えるのは，脳が，楽しんでいる自分を具体的にイメージできるからです。

　では，前向きなイメージを持つためには何が必要でしょうか。それは，情報にフック（hook）をかけることです。hookとは，「夢中になる，とりこになる」という意味です。第1章でALを「脳働的」な学習だと述べました。それを英語にすると，"Now I'm hooked on this!"ということになります。

　教師の指導は，生徒に対する「足場かけ」であり，自転車の「補助輪」にあたります。まだ1人で自転車に乗れないときは，大人に自転車の後ろを持ってもらったり，補助輪をつけて練習をしたりします。

　では，いつ，どのタイミングで補助輪を取り外すのでしょうか。そのタイ

ミングは，鳥の「啐啄（そったく）」という行動から学べます。卵の中の雛鳥は，外に出る準備ができたら，殻の中からつついて親鳥に知らせます。親鳥は，同じタイミングで，外側から殻をつついて出やすくしてやります。この双方向の作業により，雛は殻から出やすくなります。やがて，立派に成長し，巣立っていくことができます。

自転車も，親が子どもの上達した状況から判断して，「どう，そろそろいいんじゃないか」と尋ね，子は「うん，もう大丈夫」と答えます。親は，それを確認してから，補助輪を外してやります。

教育も同じで，「双方向」から向き合うことが大事になります。教師は，日頃から生徒たちを観察し，空気を読み，彼らのつぶやきに耳をすますと同時に，ここぞというときに「自分の力」で自己実現できるようにサポートしてやることが大事になります。

5-2-6 「ピグマリオン効果」が他と違っているのはなぜ?

教師は，いろんな言い方で生徒を評価します。ただ，その影響について理解しておかないと，ややこしいことになります。たとえば，「彼らには無理，難しいだろう」と教師が生徒を過小評価してしまうことを「ゴーレム効果」と言います。これでは，生徒が萎縮してしまい，彼ら自身も「無理」と考えるようになります。

「ハロー効果」とは，ある人についての印象が良い（または悪い）と，その人の全てがそうだと考えてしまうことを言います。「ステレオタイプ」（決めつけ）の考え方や「色眼鏡」ができてしまうと，正しい評価がしにくくなります。

「ホーソン効果」は，上位者だけをほめる，よかったときだけほめるというものです。それによって，ほめられた人は嬉しく努力をしますが，一過性のことが多く，一貫性がありません。

それに対して，「ピグマリオン効果」（ピグマリオンはギリシャ神話の王の名前）は，他者に対する期待が，結果としてその実現の方向に機能するのです。他の効果と大きく異なるのは，他が「外発的動機づけ」なのに対して，それは「内発的動機づけ」（intrinsic motivation）となることです。教師が，生徒のポテンシャルを信じ，「あなたならできる」「きっとできるよ」というスタンスで接するということです。すると，俄然，やる気が違ってきます。自己学習能力を高めることができるのです。

ピグマリオン効果を日常化させるコツは，教師が個々の生徒の実態を知ること，継続して観察をし，適切な評価（励まし）をすることです。

　教師が「できない」と考えてしまう原因は，そのような授業を日頃からイメージできていないからです。登らせたい「山の頂上」を具体的にイメージできなければ，伏線回収も足場かけも仕組めません。

　生徒を励ます（ほめる）ことに日頃から取り組んでいれば，生徒のポテンシャルの高さや感受性の豊かさに触れる機会が増え，思わず「すごいなぁ」という感嘆の声が生まれてきます。その途端に，生徒が愛おしくなり，授業が楽しくなっていきます。

5-2-7 協働学習は「高まり・広まり・深まり」（学びの立方体）で

　生徒がワクワクする授業では，授業が始まるやいなや，生徒はまるで磁場に入ったかのように一気に本時の課題に引き寄せられます。

　私が考える，「深い学び」を引き出す「学びの立方体」（高まり・広まり・深まり）は，次のようなものです。

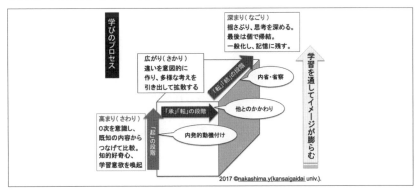

学びの立方体

　日頃から，今やっているのは，この3つの段階のどの部分なのかを意識するようにします。すると，自然に今学んでいることが「何のため」なのかを自問自答できるようになります。

　教師は，新しい単元に入る場合，全体計画の第1次から順に進めていくのではなく，第0次を用意しておかねばなりません。それが，ワクワクする授業では不可欠です。つまり，第1次に入る前に，学習者の実態，すなわち既習経験や学習の到達状況，興味・関心度を把握しておくということです。それ

が「**高まり**」を作ります。

学習は個で完結するものです。ペアやグループのまとめで終わっても、「自分はよくわからなかった」というモヤモヤした気持ちが残ってしまうと、その授業は目的を達成したとは言えません。

ですから、学習は、一人ひとりがハッとすること、そして自分の考えを持つことから始めなければなりません。つまり、学習は「個別化」から始めるのが原則です。達成感、成就感、伸長感は、自己決定したことができたかどうかで生まれます。それは、表面的な自己評価シートではできません。言語化（自由記述）によって、ノートに自分の思考の履歴を残すことが大切なのです。まとめるだけでなく、今後の学習への思いも記録するところがポイントです。

クラスの「**高まり**」を確認した教師は、おもむろに「**広まり**」を作る段階に入っていきます。それは他との「関わり」を作るということです。

教師は、この段階で、導入で用意した「学びの磁界」のスイッチをバチンと切ります。磁場は一気に自由度が高まります。自然に、「みんなの考えはどうかな？　知りたい」という気持ちになっていきます。学習が自然に発生すると、やがてそれは協働学習、互恵学習に昇華されます。

「**広まり**」とは、クラス全体に、様々な考え、意見、理由が出てくるというイメージです。教師がコントロールして、無理に1つの考えに収束させるのではなく、できるだけ拡散し、学習者が「へえ、そうなんだ」「それもありかな」「自分とはちょっと違うな」と心が揺さぶられるような状況にするということです。

協働学習では、仲間との教え合い、助け合い、討論などを通して、授業の最初に持っていた自分の考えが変容し、深まっていきます。教師は、この段階で意図的にギャップ（異なる考え、違う方法）を与えて学習者を揺さぶります。どんでん返しで「アッ」と言わせます。こうすると、学習者には「追究の姿勢」が生まれてきます。そして、学習に「**深まり**」が生まれてきます。

授業の最後に、教師は無理にまとめたりしません。彼らの思考を深め、新たな「なぜ」や「もっと知りたい」という気持ちを醸成します。最後に、教師は、次時につなげるため、短時間で「予告」をします。映画の予告編のように「！」を与えるのです。

5-3 「ここぞ!」という場面で「俯瞰」と「細分化」を使い分ける

5-3-1 「書いたもの」なら「俯瞰」ができる

　何かをするときには，マクロ（鷹の目）とミクロ（蟻の目）の両方の見方ができるようになっておくことが大切です。つまり，「俯瞰用レンズ」（森を見る）と「細分化用レンズ」（一本一本の木を見る）をオートフォーカスのように，自由自在に使い分けるということです。

　俯瞰とは，高いところから見下ろす，眺めるという意味です。第1章で述べた「メタ」の視点です。ただ，俯瞰するといっても，なんとなくぼんやり眺めているだけでは，肝心なことは何も見えてきません。ゴールを認識し，現状を分析し，考察を加えることが必須です。

　たとえば，私は，複数ページの原稿を書いたときは，広い場所（教室など）で，印刷した原稿を全て順に並べます。全段落に数字をつけ，全体を俯瞰し，段落同士のつながりや，唐突なところがないかどうか，他の章や節の内容が紛れ込んでいないかを細かくチェックし，違和感のある箇所は入れ替えたり，加筆修正をしたりします。

　パソコンで推敲をするときは，あえて段落と段落の間に1行の空白行を差し込みます。これで，つながっているはずだという自分の思い込みを，一旦断ち切ります。すると，接続詞が必要かどうかや，よりわかりやすい順序といったことに気づきます。全体を俯瞰すると，それが容易にできるのです。

　今までご紹介してきたマッピング，マンダラート，さらにはベン図（複数の集合の関係や集合の範囲を視覚的に図式化したもの）やKJ法（カードや付箋紙を使って，断片的な情報・アイデアを効率的に整理する手法）などは，いずれも「書いたもの」だから俯瞰できるのです。

5-3-2 「一覧」にしないと何も見えてこない

　書くことで，自分の頭に描いた「文脈」が可視化されます。記録に残された

ものは，何度でも読み返すことができます。これは，話すことではできない特性です。録音したとしても，確認するときは，必ず文字化します。最後は「目」で確認しないと，ミスが生まれやすいからです。

目で見ることのメリットは俯瞰できるということです。全体を通して読むと，つながっているように思えた部分でも，ふと違和感が生まれてきます。

絵コンテ，PowerPointのスライド，学習指導案なども，自分が書いた順に見ていくと，なんとなくつながっているように見えるものです。「こうだよな」と，心の中で自分に言い聞かせながら見ているからです。しかし，自分以外の人には，そのような「話し手のつぶやき」は聞こえません。ですから「え？　どういうこと？」という戸惑いの声が聞こえてきます。

そこで，自分が作ったものを全てバラバラの状態にして机の上に並べて，全体を俯瞰してみます。すると，足りない情報，余計な情報がくっきりと見えてきます。流れに唐突感を感じ，モヤモヤした気持ちになります。そんなとき，仲間と話し合いながら，互いに違和感を持った部分を入れ替えてみます。すると，ピタッと収まるとことがよくあります。

第2章では，3色付箋紙を学習指導要領や学習指導案に貼って分析をするという研修をご紹介しました。この3色付箋紙は，アイデア次第でどんなところにでも使えます。たとえば，研究授業後の協議会です。

研究授業中，大きめの3色付箋紙（緑，黄色，ピンク）を前もって配布し，それぞれ緑には「生徒が主体的に取り組んだ場面」，ピンクには「教師が仕切っていた場面」，そして黄色には「ピンクを緑にするためのアイデア」を取り上げてコメントを書いていきます。授業後の協議会では，模造紙の真ん中に数直線（左端に0，右端に50分または45分と書く）を引き，上には緑色の付箋紙を，下にはピンクの付箋紙を時系列で貼っていきます。そしてピンクの横には黄色の付箋紙を貼って，全員で見つけた「学習者をやる気にするアイデア」について書き込みます。最後は，グループごとに発表をします。

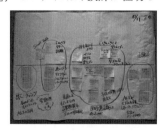

こうすると，全体を俯瞰できるので，全員が主体的に研修に取り組めるようになり，さ

らには自分の授業を見直すことにもつながります。

　私が担当していた大学4回生の講義では，卒業制作（PowerPointやMovie Makerで作る「授業で使える感動教材」）に取り組みました。学生たちは，スケッチブックに絵コンテを描き，仕上がると，それらを並べて話し合います。すると，次のような感想が出てきます。

- ・スケッチブックは，まとめて綴じられており，前からペラペラとめくるしか確認ができないので，どうしても描いた順番が印象に残ってしまい，「この順番で大丈夫」と思い込んでいました。ですが，スケッチブックから，ページを一枚一枚離して机の上に並べると，「このページとこのページの配分が合っていないから，バランスを調整した方がいいかも」「これをなくして別の切り口から導入パートを進めてみよう」「クイズにするならこのパートの方が良いのではないか」など，自分たちの作品の弱点が次々に浮かび上がり，さらにそれらの改善点までもつかむことができました。目先を見るのではなく，全体を俯瞰することで，新たに発見されるものがたくさんあることを実感しました。
- ・スケッチブックの順番通りに見ていくのと，机上に並べて全体を把握してから展開を考えるのとでは，見え方が大きく変わりました。わたしたちの班は，最初，作品を机に並べて「順番を組み替える作業」について，「本当にやる意味あるのかな？」と話していました。ですが，空き教室でそれぞれの作品を全て並べて，それらと向き合った瞬間，「ここは入れ替えた方がいいんじゃない？」といった意見がたくさん出はじめました。「時間がかかって面倒くさそう」という先入観から，やる意味を疑ってしまったことを反省しました。「効率の良い方法」や「結果が出やすい方法」を考えて楽をするのではなく，全体を俯瞰することがいかに大切か，を痛感しました。

　学生が振り返りの中で書いている「俯瞰」は，書いた（描いた）からこそできることです。俯瞰することが習慣になると，授業では活動と活動のつなぎ目，のりしろの部分にも自然に目が向くようになります。そして，ストーリーが意識できるようになると，不思議なことに，次々とインスピレーション（直感的なひらめきやアイデア）が湧いてくるようになります。

昨今，授業でPowerPointやKeynoteなどのプレゼンテーション・ソフトを使う機会が増えたと書きました（1–1参照）。これらは，確かにアニメーションが使えたり，BGMや映像を取り込めるなど，個々のスライドを作るときに優れた能力を発揮します。しかし，大きな弱点があります。それは，全体を俯瞰できないということです。

だとすると，スライドが仕上がった後は，必ず「スライド一覧」の機能を使って，全体のストーリーライン（順番）がそれでいいのかどうかを最終チェックする必要があるということです。これも「俯瞰」です。

5-3-3 俯瞰力は「伏線回収」を可能にする

書くことを習慣にし，「俯瞰」できるようになった教師は，その授業に「伏線回収」を取り入れ始めます。

第1章，そして第2章でご紹介した「伏線回収」は，映画，ドラマ，漫画やクイズなどでよく登場します。「そういえば，"Harry Potter"や『半沢直樹』がそうだった」と思われる方がおられるかもしれません。伏線回収は，ストーリーがなければできません。

伏線回収とは，あらかじめ仕込んでおいたことが，結果とつながるという意味です。「伏線を張る（または敷く）」と言いますが，「張っておく」のも「敷いておく」のも，話し手（書き手）が意図的に行います。英語では「伏線」をforeshadowing，「回収」をrecoveryと表現します。foreshadowは「予兆となる」，「前兆」という意味です。「伏線回収」は入口と出口をつなげるという意味で"to tie up loose ends"とも表現されることがあります。

これは，思いつきではできません。ゴールが明確になっているからこそ，そこから逆算して，あちこちで伏線を張れるのです。"Harry Potter"の作者であるJ. K. ローリング女史は，最後の7巻から書きはじめ，それを金庫に入れて封印をし，次に6巻，そして5巻と書いていきました。ゴールができているので，いくらでもどんでん返しが作れたわけです。

伏線回収を心がける教師は，頭から説明したりはしません。"Repeat after me."で，自然な流れを切るようなこともしません。練習のためのプリントではなく，生徒が「やり取り」したくなる言語活動を用意します。

わくわくする課題を「伏線」として用意し，謎かけのような発問で生徒を揺さぶり，落とし所を作って生徒が自ら気づけるようにしています。さらに，

自らハッと「回収」できる場面を設定し，その「気づき」が，波紋のようにクラスに広がっていくように仕掛けます。

彼らにとって，生徒が授業中に持つ「わからない」と感じるモヤモヤした気持ち（モヤモヤ感）や違和感は必要不可欠な「伏線」であり，仲間との協働学習や巧妙に用意された足場かけで導かれる「スッキリ！」が「回収」となっていきます。

なぜ，このようなことをするのでしょうか。

それは，彼らが，授業の最後に教師がまとめるのではなく，生徒が自ら気づいた方が，学習内容がはるかに頭に残りやすい，定着しやすいということを経験則として知っているからなのです。

5-3-4 「俯瞰」をすると「ひらめき」が生まれる

「俯瞰」は，ひらめきを生み出す源となります。ひらめきと思いつきは違います。前者は，ずっと自分が考えていたこと，関心があることに対して起こりますが，後者は必ずしもつながりがなく，往々にして場当たり的です。ノーベル賞を受賞するきっかけになった発見，画期的な製品につながったアイデア，後世に残っている名曲などは，ひらめきによるものが多いと言います。それは，ずっと潜在的に考えていたからこそ，あるとき，パッと形となって現れるのです。

俯瞰できるようになるには，年度当初に，教科書を通読しておくことが大事です。すると，どんなテーマが入っているかがわかり，見通しが生まれます。そのとき，頭の中には様々なテーマが刷り込まれ，いわばパソコンのフォルダのように「空箱」が作られます。すると，脳は「空箱」を中途半端（仕上がっていない）と考えるようになります。居心地の悪さを感じるのは，ツァイガルニク効果によるものです。ですから，授業に必要な背景情報，周辺情報が見つかったときに，「あっ，これは使えそう」と，ハッとして空箱に入れられるようになるのです。

脳内を可視化するように，単元ごとにクリアファイル（大きな紙袋も可）を用意したり，パソコンのハードディスクにディレクトリを作ったりするようにします。そして，情報が手に入ったら，それをすぐにファイルかパソコンのディレクトリに入れておくようにします。

ある程度集まったところで整理（単元構想を考えること）をします。資料を整

理しながら，どれを何時間目にどう使おうかと思案します。すると，どんどんひらめくようになります。これが，そのまま生徒がワクワクする授業デザインとなります。

5-3-5 「地球市民の方程式」（A＝MVP）が教えてくれること

A＝MVPという「地球市民の方程式」をご存知でしょうか。AとはActionです。人が行動を起こすためには，MissionとVisionとPassionが必要だというものです。Missionが弱い人は，自己責任が生じることを避け，言い訳を用意しがちです。Visionが弱い人は，ゴールを描くのが苦手なので，先延ばしをしてしまいます。Passionが弱い人は，飽きっぽく，長続きしません。

A＝MVPは掛け算です。どれかが弱いと「アクション」（行動）にはつながりません。「三日坊主」という状態は，この3つの要素の中のどれかが欠けているために起こります。物事を継続させるには，今，やろうとしていることが3つの要素のどれと関係しているのかを自覚することが大事です。

教師の場合，MissionとPassionは，職業上，問題ないと考えられます。問題はVisionです。「前例踏襲」や「いつも通り」が慣例となっている学校では，予定調和（準備したことをこなす）を求めがちです。そうではなく，ゴール（育てたい生徒像）を明確にした後は，どの単元でどのような力をつけるのか，見通しを持って計画し，さらには生徒の実状を踏まえ，臨機応変に対応をしていくことが不可欠です。たとえば，学期の最初に定期テストの構想を練っておく，中間評価の場面や最終評価（成果物）の内容とその評価方法を考えておく，アンケート項目を仲間と一緒に最初に作っておくようにします。

右図をご覧ください。トマトときゅうりです。前者は水をほとんどやりません。その方が甘く育つからです。一方，後者は，朝のうちに水をたっぷりとやらないと枯れてしまいます。クラスには，このようなトマトタイプ，きゅうりタイプの学習者が存在します。大切なのは，「個別最適な学び」を心がけることです。

When farmers grow tomatoes, they seldom water them. Then tomatoes try to get water from the air and so they become very sweet. If farmers water them too often, or give too much water, they become watery.

Cucumbers grow very fast and they are almost water. So farmers make it a rule to give much water to cucumbers in the morning. If they forget to water them, cucumbers will soon wither.

How can we show our "mission", "passion", and "vision" to these students in our class?

つまり，学習者の実態や習熟度を活かした指導（individually）と，必要感の

ある学習，生徒の興味や関心を活かす学習（personally）を融合させることです。これは，行き当たりばったりではなく，確固たるVisionがなければできないことです。

　たとえば，1つのワークシートで進めるやり方から，数種類のワークシートを自己申告で選ぶやり方へ，切れる発問（事実発問）で終わらず，つながる発問（推論発問や評価発問）を心がけます。また，教師がトピックを与えるやり方から，クラスのアンケートで集約したトピックをペアで選ぶやり方へ，説明中心の授業から，生徒の気づきを大切にする授業へと変えていくようにします。

　Vision が，もともと教師が潜在的に持っている Mission と Passion と三位一体の関係になれば，授業をしながら，同時に学級づくりもしていけるようになるのです。

5-3-6 教科書を「俯瞰」すれば，今の授業が変わる

　読者の皆さんは，新しい教科書を手にされたらどこから見ますか。おそらく，全体の写真，各単元のテーマ（環境問題，科学の発展，平和など）や文法事項ではないでしょうか。知りたいのは，自分が関心のあるテーマ，得意な分野が入っているかどうかだからです。

　しかし，教科書の編集著者たちは，学習指導要領を読み込んだ後，各単元のテーマを考えるよりも先にすることがあります。それは，全体の骨格を最初に作ってしまうことです。統合的なタスクを3年間分，竹の節のように用意するのです。そこから逆算して，マイクロ・タスクを系統的に考えていきます。単元のテーマを考えるのはその後です。

　だとしたら，「教科書をどう教えるか」よりも，教科書の骨格，構造を理解するために，教科書のアジェンダ（教科書の著者たちのメッセージ）を知っておくことの方が優先されるべきです。

　なぜなら，教科書はジグソーパズルであり，いくつかのピースが最後に見つからない（肝心な部分を，時間がなくてやらなかった）という状況になると，教材ではなく，ただの素材集になってしまうからです。

　仕上がった絵を最初に見て文脈を理解した上で教科書を使うのと，ばら売りのように，そしてまるで座布団を積み上げるかのように各単元を教えていくのでは，生徒の育ちがまるで違います。

5-3-7 「細分化」とは，よりわかりやすくすること

次に，「細分化」（to divide into smaller areas, parts, groups）をすることの大切さについてお話しします。

「細分化」とは，「小さく分ける」という意味です。本書の最初の方で，手（指）は第2の脳だとました。そして，書くことは，親指の機能のようなものだとも言いました。再度，指を比喩に使うなら，細分化はまさに「小指」です。

日常生活で，私たちは「小指」を意識することはあまりありません。しかし，実は，自分でぐっと手を握りしめたとき，最も力が入るのは「小指」なのです。私は中学校時代，剣道部に所属していましたが，そのとき，竹刀の端を「（右利きの場合）左手小指」の力で支えることを教わりました。顧問の先生が，私が構える竹刀に向けて，上から強く竹刀で打ち付けられたとき，小指に力を入れて支えているときは，竹刀は弾き飛ばされません。

一方，右手に力が入っていると竹刀は床に落ちてしまいます。左手の小指がなければ，力が入らないのです。ボルダリング（「ボルダー」と呼ばれる突起を登って楽しむ，ロッククライミングの1つ）でも，上級のクライマーは自身の小指を上手に使っています。

今度は，映画に目を向けてみましょう。ディズニーや宮崎駿監督の作品は，他のアニメと比べると，セル画の枚数がかなり多くなっています。ですから，キャラクターがまるで生きているかのように見えます。それは，キャラクターの描写が「細分化」されているからです。

本書を読む中で，ハッとして下線を引いたところがあったとしたら，その箇所は，読者の皆さんがイメージしやすいようにと，より具体的な場面が描写されていた部分ではなかったでしょうか。

「細分化」するとは，相手のために「細やかな配慮をする」ということになります。それは，何かを書くときに，相手がイメージできないような抽象的な文言を避ける，ダラダラと書いたり，一方的に主張をしたりするのではなく，具体的な根拠を示すことです。それを習慣にすれば，生活の記録へのコメント，学級だより，学年だよりの原稿，通知表の所見の書き方が大きく変わってきます。セリフと自分の感情がシンクロすれば，原稿の中に自分が入り込んでしまったような感覚になります。

5-3-8 「細分化」でピアノの「黒鍵（半音）の魅力」が出る

　黒鍵は，ピアノの鍵盤上の白鍵の間にある黒い鍵盤のことを言います。白鍵同士の音の中間の音ということです。ピアノの白鍵はドレミファソラシドで「全音」ですが，黒鍵を使うと隣の音よりも半音上がったり，下がったりします。黒鍵を使うことで，音と音が近くなります。

　「細分化」されると，よりメッセージがわかりやすくなります。「半音」を使うことで，より音に深みが生まれ，印象に残りやすくなります。

　皆さんが，「いい曲だな」と思うような曲には，ほぼこの半音が使われています。この「半音」の魅力を知っているミュージシャンや作曲家は，後世に残る名曲を数多く生み出しています。

　初心者向けの楽譜は，「響き」よりも「難易度」が重視されるので，♯や♭ができるだけ出てこないように編曲されています。Know-how（こうすればできる）の本は，わかりやすくするために，転調や移調がないように書かれています。しかし，実際の授業は，クラスの雰囲気や生徒の実態に大きく左右されます。転調や移調は，教師が責任を持って行わなければなりません。

　「3つの力」が身につくと，この「半音」の余韻（心情）を活かした授業づくり，学級づくりができるようになります。つまり，活動と活動の間に「のりしろ」を意識できるようになるということです。クラスの生徒たちが「響き合う活動」（共鳴）を何よりも大切にしたいと考えるようになるからです。

5-3-9 「細分化」の極意はBaby Stepにあり

　教師の指示が多く，説明が長くなると，授業が間延びしやすくなります。テンポが悪くなるということです。大切なのは，手順や段取りを座布団の積み重ね，階段，さらには三段跳びのようなやり方から，Baby Step（スロープ）にすることです。ユニバーサル・デザインで，バス，電車，施設の入り口にスロープが造られるようになりました。活動も同じです。教師がやりたいことを並べるのではなく，生徒の立場に立って，5-3-8のように，黒鍵の「半音」にあたる活動を用意するということです。それが「細分化」です。

　たとえば，筆者が，大学生を対象に行っている「課題図書を読んでレポートを書く」という指導の流れを10段階に細分化してみます。丸囲み数字（①②④）は筆者の指導，白抜き数字（❸❺〜❿）は学生の動きです。

① シラバスで年間の見通し（6回のレポートとルール）を与える。

② 第1回分として課題図書10冊から1冊を選ばせ，指定された日にレポート3枚を提出するよう指示。

❸ 提出する前にレポートを4人グループで回し読みしながら，3色ボールペンで順に校正。

④ レポートを回収し，1週間後にそのまま返却（教師は評価も，推敲もせず，書いた内容を忘れた頃を見計らって返す。

❺ 返却されたレポートを2B以上の鉛筆で丁寧に推敲し，「最終レポート」を作成。（読者の立場に立って，わかりにくいところを推敲）。

❻ 推敲したもの（3枚）と最終版（清書の3枚）の6枚を綴じて提出。

❼ 同じ課題図書を選んだ者同士がグループになり，一番印象に残ったこと，他の人に何が紹介できるかを相談。

❽ ポスターセッション形式で個人経営の「本屋さん」になり，その本を読んでいない学生に本の読みどころを紹介。全員が「店員」と「客」を経験した後，図書を全部前に並べる。

❾ 仲間のプレゼンテーションで「読もう」と決めた本（次に読みたい本）を選ぶ（よかったプレゼンテーションに投票する）。

❿ その際，何が決め手となったかという理由も書いて提出する。

いかがでしょうか。それぞれ，学生が何をどのようにしているかというイメージが頭に浮かんでこないでしょうか。用意した教材をどう授業で使うかまでを考えることが，本当の教材研究だと申しました。それが第1章で説明した「導入のゴールイメージづくり」（to visualize）です。

5-3-10 「細分化」で「心の機微」が感じ取れるようになる

第5章の最後に，皆さんにお伝えしたいことがあります。本書を読んでおられて，胸がキュンと痛んだ瞬間がなかったでしょうか。「もっとこんなことができたのでは？」と悔やまれたことはなかったでしょうか。

ご安心ください。それは，皆さんがまだ心の中に子どものような純真な気持ち，すなわち「童心」や「遊び心」を持っておられるということの証明です。今からでも，授業をワクワクする内容に変えていくことは十分に可能です。

初任の頃を思い出してみてください。周りに，ご自分が憧れた先輩の先生

が居られなかったでしょうか。なぜ，憧れたのでしょう。それは，多くの生徒から絶大な信頼を得ておられたからです。生徒理解を土台として，思いつき，やりっぱなしではない，「細分化された指導」を心がけておられたからです。その方は，十把一絡げの指導ではなく，「このように言えば，子どもたちはどう受け取めるだろうか」「この次をどうすれば，どの子も食いついてくるだろうか」というように，細やかな対応を心がけておられたのです。それは，5-3-5でも述べたように，「個別最適な学び」を提供していたということです。個に寄り添う（個を大切に見とる）姿勢があれば，一人ひとりの気持ちを読み取ることができるようになります。ちょうど，それは「教育の原点」となる，特別支援教育での個への接し方，複式学級での「**わたり***」や「**ずらし****」の考えと同じではないでしょうか。

　個別最適な学びを提供するということは，「相手の心の機微に触れる」ということでもあります。機微とは「表面からは見えない微妙な心の動きや物事の趣」のことを言います。「細分化」するとは「相手の心の機微」が感じ取れるようになる（to have a keen insight）ということなのです。

***わたり**：2つの学年の学習を成立させるために，直接指導と間接指導を組み合わせ，交互に指導を行うこと。
****ずらし**：学年別指導を有機的に進められるように，学習内容の段階をずらして組み合わせること。

おわりに

1．それは1通のメールから始まった

　本書は，大修館書店の『英語教育』に連載された「教師の書く力は授業力と比例する」（2021.4〜2022.3）をベースに書かれています。しかし，授業力を高める「教師の3つの力」をテーマとして，連載では書ききれなかった内容も含め，新しく書き下ろしました。

　発端は，連載終了後に，編集部の小林奈苗氏から届いた1通のメールでした。それには，同社の高校教科書担当の春日恵理奈氏が，毎回，連載を楽しみにしておられたこと，連載が終わると同時に「ぜひ，書籍化を！」と小林氏に相談された経緯が詳しく書かれていました。

　小林氏からは，「連載では，授業の本質を追究するという意味で，多くのことを学ばせていただきました。何とか形に，と思っていましたが，雑誌の編集で手が回らず，今回，書籍化の話が出て，本当に嬉しく思いました。ぜひ，前向きにご検討ください」と付け加えてありました。

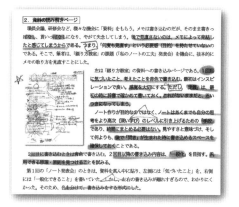

　後日，春日氏から，彼女の思いが綴られたメールと連載やQR資料にびっしりとマーカーを引かれたコピーが送られてきました。燃え尽き症候群になっていた執筆者たちはとても驚き，そして奮い立たされました。

　春日氏には，時間をかけて全ての原稿を読み解き，唐突な箇所，読者にわかりにくいところを指摘されただけでなく，連載やQR資料のどこに何が書いてあるかを全て理解した上で，根気強く点検をしていただきました。今まで，書籍を書く機会が何度かありましたが，ここまで真摯に，丁寧に点検していただいたのは初めてです。3月完成予定が8月になってしまいましたが，

その間，全国の知り合いの方々にも読んでいただき，アドバイスをいただきました。春日氏からは，「時間は気にせず，良いものにしましょう」と言っていただき，大いに勇気づけられました。

「教師のための綴り方教室（1年間）」から『英語教育』の連載の構想づくり，そして今回の書籍の執筆にと，実に3年にも及ぶ長期ロードを支えてくれたのは，連載のメンバーたちです。多くの時間をかけて執筆，推敲をしてくれた宮崎貴弘先生，高橋友紀先生，岡山直樹先生，そして吉岡拓也先生，全ての原稿を推敲してくれた宮浦陽子先生（大阪府立咲くやこの花高等学校），追加の資料提供などで快く協力をしてくれた連載メンバーの坂上渉先生（亀岡市立亀岡川東学園），井上百代先生（川崎市立川崎中学校），中山浩太郎先生（寝屋川市立第五中学校），岩田慶子先生（神戸市立星陵台中学校），金子かおり先生（舞鶴市立和田中学校），幸田真理先生（神戸市立押部谷中学校），芦田真一郎先生（亀岡市立育親中学校）という素敵な仲間たちがいたからこそできた仕事です。

そして何よりも，最後まで粘り強く励ましていただいた春日氏，きっかけを作っていただいた小林氏のおかげで本書が完成したといっても過言ではありません。全ての皆さんに心から感謝致します。

2. 私が「書くこと」にずっとこだわってきた理由

私が，小学校6年生だったときのことです。母校は，6年生が12名の分校でした。最後に「卒業文集」を作ろうということになり，その巻頭言を誰に頼もうかということになりました。

6年生の担任だった島田実先生は，宮沢賢治（日本で初めてディベート教育を導入）に影響を受け，昭和40年代では革新的な取り組みとして，授業で「討論」（2つの主張のメリットとデメリットを討論させる）を取り入れておられました。12名は，島田先生が大好きでした。島田先生に最後に恩返しがしたい，喜んでもらいたいと考えた私たちは，島田先生に黙って，吉田実・富山県知事に文集の巻頭言を頼んでみようということにしました。発想は単純でした。名前が「島」と「吉」しか違っていなかったことから，私たち6年生に親近感があったからです。

吉田知事は，37歳で大島村長に，そして46歳で県知事になられてからは

「立山黒部アルペンルート」の開通，富山新港の開港に尽力されるなど，14年間（4期）も知事を務められた方です。

　私は，編集責任者を任されていた関係で，「こんな素晴らしい方なのだから，きっと山の分校の小学生が書いた手紙も読んでくださるのではないだろうか」と勝手に思い込み，無鉄砲にも吉田氏に手紙を書いて送りました。それを聞いた島田先生は，驚き，呆れ，「返事は，あまり期待しない方がいいぞ」と慰めてくれました。

　1週間後，直筆の巻頭言が吉田氏から届いたとき，島田先生は職員室から走ってこられ，手に持った手紙を見せながら，「来たぞ，届いたぞっ。信じられない」と興奮されていました。その喜びは，きっと私たち以上だったのではないかと，教師になった今，思い返されます。

　「誠心誠意，時間をかけて書いたものは，相手に必ず伝わるのだ」という人生の教訓を得たことがその後の生き方に大きな影響を与えました。

　教師になってからは，無着成恭氏，東井義雄氏，大村はま氏が書かれた本を読み，「綴り方教育」に深く関心を持つようになりました。特に，恵那（岐阜）の「生活綴方教育」からは「子どもをつかむ」ことの大切さを学びました。本来の「生徒指導」とは，自分なりのExcellence（こだわり）と納得解を求めることなのだとわかりました。

　その後，私は，野口芳宏氏，尾木直樹氏に，荒れていた勤務校（中学校）の校内研修の講師（飛び込み授業と講演）を依頼するために，お会いしたことがないにも関わらず，何枚もの便箋に思いを書き連ねて送りました。十分な講師料がお支払いできそうにないこと，参加費（参加する教員から集めたお金）で運営することになることも伝えました。

　お2人からは，その後，快諾の手紙が届きました。私は，そのとき「心の琴線に触れたとき，人はアクションを起こすのだ」ということ，「発した言葉が人に影響を与えるのだ」ということを痛感しました。

　私は10年間，授業で「ハード・カバーの英語卒業文集」に取り組みました。思い思いに，自分の言葉や表現方法で綴られた生徒たちの作品は，大人の感性を遥かに凌駕する内容のものばかりでした。私は，「彼らは，英語の表現形式ではまだ未熟かもしれない。しかし，そのほとばしるような言葉のセンス

は，まさに成熟する前に発酵をしている段階だ」と考えるようになりました。

第1章でも述べましたが，「綴り方」とは，人間の生き方や考え方そのものであり，表面的な書き方のテクニックを学ぶことではありません。「綴り方」を学ぶ中で最も大切にすべきことは，相手の立場に立って考えることです。それは，読み手である相手の関心，ニーズや実態を考慮するということです。

3．見えないものこそ大切に

いよいよ，本書も最後のページになりました。「はじめに」から，この「おわりに」まで根気強くお読みいただいた読者の皆さん，本当にありがとうございました。

教師自身の「理念」や「教育哲学」は，木の根っこの部分にあたります。根が丈夫なら，木はすくすく伸びていきます。根を張る，根を下ろす，根性，根美人，根幹のように，「根」という字は「本来の性質，結果を導いた原因・理由」などを表しています。根は土の中にあり，普段は見えません。しかし，見えないからこそ，その大切さに気づくことが大切です。肝心なことは見えないものです。だからこそ，人は見ようと努力し続けるのだと思います。

人生は，"Only Connect."「全てはつながっている」だと言われています。人と人とのつながりもそうです。つながると楽しいし，切れると寂しく感じます。私たちは，つながりの中で見えないものをやり取りしているのです。

これからの英語教育は，皆さんの「手」にかかっています。本書でお渡しした「見えないバトン」を，次代の担い手の方々につないでいってくださることを心から願っています。

中嶋洋一

本書の内容を読み解くヒントや，広げていくための補充資料として，QR資料をご用意しました。

「授業力は書く力に比例する」『英語教育』
（大修館書店・2021年4月〜2022年3月）

この本のベースとなった，全12回の連載の内容をご覧いただけます。ぜひ，興味のある回をお読みください。すでに連載の記事を読んでおられる方も，本書の後に再度連載の内容に目を通していただくと，新しい発見があるはずです。

―連載目次一覧―
下記連載の各回のQR資料も，こちらのリンク先ページから直接ご覧いただけます。

授業力は「書く力」に比例する―教師のための綴り方教室から

［読解力］
第1章「読解力を鍛える」① 教師に「読解力」がつくと授業力も向上する
第1章「読解力を鍛える」② 『半沢直樹』の「転」から学ぶ授業のあり方
第1章「読解力を鍛える」③ 授業は「育った児童生徒の姿」から逆算する
第1章「読解力を鍛える」④ 脱「教師のSOS」で授業は「3K型」になる

［要約力］
第2章「要約力を鍛える」① 「引き算思考」をすれば授業が生まれ変わる
第2章「要約力を鍛える」② 授業準備は7割にとどめ，3割は生徒と即興で紡ぐ
第2章「要約力を鍛える」③ 「マスキング」を使えば，授業がガラリと変わる
第2章「要約力を鍛える」④ 「間」と「余白」が生徒の思考を加速させる

［編集力］
第3章「編集力を鍛える」① 教師の「編集力」は授業改善の切り札
第3章「編集力を鍛える」② レアリア(実物教材)が「やりたい！」を引き出す
第3章「編集力を鍛える」③ 授業を「副詞型」にすると生徒が自ら語り出す
第3章「編集力を鍛える」④ 「リレー形式」を活かせば，学校が大きく変わる

『英語教育』掲載記事（大修館書店・2015年〜）

2015年以降に，編著者の中嶋洋一が雑誌『英語教育』に執筆した記事をご覧いただけます。いずれの記事も，この本の内容ともリンクし，先生方のお役に立つはずです。

2015年4月号 『一緒につくろう！ 新学期のよい習慣』
「Bタイプの学習規律」で自律的学習者を育てる
2019年4月号
『新学期ゴールを見すえたプランニングを バックワードデザインで始めよう』
「正しい山」でなければ，たとえバックワードデザインであっても「成果」は上がらない

2020年8月号

『新しい生活様式に対応して 英語の授業で何ができる？ 児童生徒への対応は？』

「手段」ではなく「ど真ん中は？」の論議を

2013年増刊号 『先生と生徒のための教室英語』

英語の授業で日本語を使うのはいつか，そしてそれはなぜか

「授業づくりをこうマネジメントする」

『授業力&学級経営力』（明治図書出版・2013年4月〜2014年4月）

授業は学級づくりです。授業力，教科経営力だけでなく，学級統率力も
必要になります。生徒指導面から授業をどう作るかを書いた連載記事に，
新学習指導要領に対応した内容を盛り込み，新たに加筆修正しています。

第1回

1　「目的」と「目標」が混乱していないか
2　抽象的ではなく具体イメージの共有を

第2回

1　明日の予定は「いつも通り」？
2　内発的動機づけは「課題」で決まる

第3回

1　ペアやグループは「何」のため？
2　活動の後に「何」を用意するか？

第4回

1　教師の「授業デザイン力」を磨く！
2　Why→What→Howの順で考える

第5回

1　学習の目的は「概念形成」
2　授業を「細分化」する

第6回

1　授業を見る「座標軸」をつくる
2　大切なのは「手順の細分化」

第7回

1　学校全体で自律的学習者を育てる
2　責任とこだわりが「感動の場面」をつくる

第8回

1　負のサイクルをプラス向きに変える
2　「厳しさは愛」が意味すること

第9回

1　「感動・憧れ・誇り」を大切にした教育が荒れを克服する
2　表現活動こそがプラスの生徒指導

第10回

1　小中連携は「ネットワーク」づくりから
2　学級の中で「互恵的活動」を仕組む

第11回
1 「佐賀発・全国で共有してみたい力がつく授業メソッド」
2 Human Network がすべての源に
第12回
1 「のりしろ」と「小さな変化」を意識すると授業が大きく変わる
2 学校では「みんな」で育てる

「Tips for Everyday Classes」
『STEP英語情報』（公益財団法人 日本英語検定協会・2008年）

（公財）日本英語検定協会の派遣講師制度が1998年にスタートしてから，ずっと講師をさせていただいている関係で，何度か『STEP英語情報』で連載を持ちました。その中で "Tips for Everyday Classes" の全6回分は，各地の校内研修等でもよく参照いただいています。本書を読まれた先生方にも，お役に立つはずです。

第1回（総論）
教師力を高める ── 専門性だけでは生徒はついてこない ──
第2回
授業力を高める（1）「質問力」が授業を変える！
── 大切なのは説明ではなく，課題や発問の質 ──
第3回
授業力を高める（2）教師の「マネジメント力」が学習の体質を変える
── 人は好きな人からしか学ばない ──
第4回
授業力を高める（3）「コーチング」でautonomous learnerを育てる
── 説明から気づきへ。説得から納得へ ──
第5回
授業力（4）「ヒューマン・ネットワーク力」を高める
── 職員室の文化が生徒を育てる ──
第6回
教師力を高める　教師の「デザイン力」を高める
── デザイン力がつくと，なぜ授業力も高まるのか ──

第1章

1-4-4 **プレゼンテーションソフトを使ったリテリング** (p. 53)
ICTを活用した「演読」指導の一部を動画でご覧いただけます。

1-4-5 **アプリ紹介** (p. 54)
生徒に "confidence" をつけるために活用したい，インタラクティブな英語学習ができるアプリをご紹介しています。

第2章

2-3-1 **学習指導要領を読み解くための3色付箋紙活用法** (p. 69)
生徒の英語力を高めるためには，正しいゴール設定ができるよう，羅針盤となるものが必要。羅針盤として「学習指導要領」を付箋とともに活用する方法を紹介しています。

2-3-3 **3色付箋紙を「自己授業診断」に活用** (p. 72)
3色付箋紙で指導案を分析したp.72の写真を，拡大してご覧いただけます。

第3章

3-1-3 **インタビュー・マッピング** (p. 108)
インタビュー・マッピングの具体的な方法とともに，生徒の実際の感想をご覧いただけます。

3-1-5 **定期テストの改善** (p. 111)
「目標と指導と評価の一体化」定期テストをリフォームしたBefore，Afterをご紹介しています。

4-1-1　N先生の授業動画（p. 147）
N先生の「記憶に残る授業」を動画でご覧いただけます。

4-1-2　思考基地としてのオリジナル・ノート（p. 148）
N先生が詳しい単元構想の他に授業で使えそうなことやALTの先生と
のやり取りの想定などをメモしているオリジナル・ノートを実際にご覧
いただけます。

4-2-1　レアリアを用いた活動の作品例（p. 153）
実際に地元紹介の活動を行った際の作品例をご紹介しています。

4-2-3　「授業の振り返り」からみる「レアリア」の効果（p. 156）
レアリアが生徒にどのような効果をもたらしたのか，実際の振り返りの
感想をご紹介しています。

4-4-1　実際のリレー・ノート（p. 163）
生徒から自主的に卒業までリレー・ノートを続けたいと希望し，生徒間
でリレー・ノートを行った実際の例をご紹介しています。

格言を授業に活かす
本書では各章のトビラに，格言をのせてきました。格言を教材化し，レアリアとするためのヒントを紹介する資料です。

中学生，大学生，セミナーの感想に見る「伏線回収」
著者の授業やセミナーを受けた人の感想を掲載しています。教師がしかけた「伏線」を，それぞれの人がどこで「回収」したのか，ぜひどこに下線を引くのか考えながら，読んでみてください。

＊それぞれのQR資料という「点」を，本書とつなげて「線」にしていただき，先生方の実際のご授業という「面」にまで広げていっていただけることを願っています。

＊本書内のQR資料は，コンパニオン・ウェブサイトからも一覧でご利用いただけます。

 https://www.taishukan.co.jp/item/eld_wrs/

※ダウンロードした各種資料は，教材としてダウンロードした個人が活用することのみを目的としています。第三者への再配布，ホームページ等での公開はお控えください。
※QRコードは(株)デンソーウェーブの登録商標です。

あなたの悩み解決の糸口に
（本書の内容との相関）

> ＊現場の悩み → 【対応している章ー節ー項】の順で示しています。
> 授業で悩んだら，対応するページを開いてみてください。そのときのあなたにとって必要なヒントが，きっと見つかるはずです。

(1) 教科書の扱いについて

1	どうしても，教科書を先に進めることに関心が向き，指導に自信がなくなってきたのですが。	2−3−3 3−3−3	2−4−3 5−1−1
2	教科書を教えるのではないと言われますが，では，授業で何をどのように目指して活動を仕組めばいいのでしょうか。	1−2−12 2−4−3	2−1−1 4−5−1
3	授業で，生徒がつまらなそうな表情をしています。なんとかしたいのですが，どうしても教科書の進度が気になります。	2−1−1 3−3−3	3−2−2 5−1−6
4	指導要領が改訂され，やることが多すぎて，時間がいくらあっても足りません。特に，新出単語の数の多さに辟易としています。どう指導したらいいのでしょうか？	1−2−3 1−4−1	1−3−3 1−4−3
5	授業が，つい単調になってしまいます。教科書の発展的な活用について教えてください。	1−4−4	
6	教科書で教える内容が増え，日々，授業に汲々としています。このような自転車操業の授業で力がつくとは思えないのですが。	2−4−1	

(2) 授業づくりについて

1	一生懸命に授業の準備をしているつもりですが，子どもたちが授業にのってきません。	3－3－1
2	授業中の子どもたちの反応がどうもよくありません。教室に重たい空気を感じるのですが，どうすればいいのでしょうか。	2－1－1
3	子どもの実態を把握することが大事だと言われるのですが，具体的に何をすればいいのでしょうか。	2－1－3
4	子どもが，授業内容を自分ごととして捉える指導について知りたいのですが。	3－2－3
5	単元構想を練るとき，どのように計画すればいいか，その手順を具体的に教えていただきたいのですが。	2－2－2
6	言語活動を取り入れると，生徒たちが騒がしくなり，収拾がつかなくなって困っています。	3－1－3
7	どうしても，活動を詰め込みすぎて，いつも予定した内容が終わらずに困っています。	3－1－1
8	生徒のパフォーマンスに物足りなさを感じます。どう準備させればいいのでしょうか。	2－5－2
9	生徒に気づかせる授業をしたいのですが，どのようにすればよいのでしょうか。	3－4－2
10	授業中に生徒がなかなか自分の考えを表現してくれません。仕方ないので，つい教師のおしゃべりが増えてしまいます。	2－6－1
11	言語活動がいつも「原稿ありき」になってしまいます。即興の力を育てるにはどうしたらいいでしょうか？	3－1－2
12	定期テストの設問作りに悩んでいます。3つの観点も，まだよくわかりません。	4－5－1
13	生徒がワクワク学ぶ授業づくりのコツはありますか。	1－3－2
14	授業やテストの「目的・場面・状況」の設定がワンパターンになってしまいます。設定の仕方について具体的に教えてください。	4－2－1
15	外国語科における「深い学び」とはどういう状況のことを言うのでしょうか。それを授業でどのように指導すればいいのでしょうか。	3－4－1

16	プリント学習中心で，生徒の発想力に制限をかけてしまっています。アウトプットをしても，生徒は表面的な内容しか書けません。	2－7－2
17	勉強が苦手で，友達との関係づくりも苦手なため，学校から足が遠のいている生徒がいます。どう対応すればいいでしょうか。	4－4－1
18	音読指導がいつも単調になります。どうしたらいいでしょうか？	3－4－3
19	言語活動をただ繰り返すだけでは，発話内容の正確さや適切さが向上しないことを痛感しています。生徒はいつも自信がなさそうです。どう工夫すれば良いのでしょうか。	5－1－7
20	生徒に振り返りを書かせても，表面的な，誰もが書くような内容しかでてきません。何が問題なのでしょうか。	5－2－7

(3) ICT の活用について（デジタル教科書，タブレット端末の使い方）

1	学校全体でGIGAスクール構想に取り組み，授業改善をするには，何を大事にすればいいのでしょうか。	4－6－1
2	日々，ICTを活用しています。もっと生徒同士が関わり合う活動にしたいのですが。	2－8－2
3	情報端末を効果的に活用するルールを決めたいです。どのようなものがありますか。	2－8－3
4	学習者用デジタル教科書の具体的な指導方法が知りたいです。	2－8－1
5	プレゼンソフトを使って授業をしたいです。何かポイントはありますか。	3－5－1
6	家庭学習での端末活用について，何かいいアイデアはありませんでしょうか。	3－6－3
7	オンライン授業をする機会が増えました。大事にすることは何でしょうか。	3－6－2

参 考 文 献

執筆者の著作については，webサイト等で検索してみてください。ここでは，執筆者たちが，自身の「理念」や「指導観」に大きな影響を与えた書籍を紹介しています。「理念」と「指導技術」は授業の両輪です。指導技術だけでは，いつまで経っても生徒の心を摑む授業はできません。

あ 赤坂真二著『先生のためのアドラー心理学：勇気づけの学級づくり』ほんの森出版，2010

赤坂雅裕著『人を愛する教育〜ペスタロッチと東井義雄に学ぶ〜』文教大学出版事業部，2018

秋田喜代美著『学びの心理学：授業をデザインする』左右社，2012

アダム・グラント著，楠木建監訳『GIVE & TAKE「与える人」こそ成功する時代』三笠書房，2014

石井英真著『今求められる学力と学びとは：コンピテンシー・ベースのカリキュラムの光と影』日本標準，2015

石井遼介著『心理的安全性のつくりかた：「心理的柔軟性」が困難を乗り越えるチームに変える』日本能率協会マネジメントセンター，2020

市川伸一著『学ぶ意欲の心理学』PHP新書，2001

市川伸一著『「教えて考えさせる授業」を創る：基礎基本の定着・深化・活用を促す「習得型」授業設計』図書文化社，2008

稲盛和夫著『心。：人生を意のままにする力』サンマーク出版，2019

岩井俊憲著『アドラー心理学によるカウンセリング・マインドの育て方：人はだれに心をひらくのか』コスモス・ライブラリー，2000

上野正道著『ジョン・デューイ：民主主義と教育の哲学』岩波新書，2022

植松努著『好奇心を"天職"に変える空想教室』サンクチュアリ出版，2015

エリン・オリバー・キーン著，山元隆春，吉田新一郎訳『理解するってどういうこと？：「わかる」ための方法と「わかる」ことで得られる宝物』新曜社，2014

遠藤洋路著『みんなの「今」を幸せにする学校：不確かな時代に確かな学びの場をつくる』時事通信出版局，2022

おおたとしまさ著『いま，ここで輝く。：超進学校を飛び出したカリスマ教師「イモニイ」と奇跡の教室』エッセンシャル出版社，2019

大村はま著『新編　教えるということ』ちくま学芸文庫，1996

大村はま著『教師大村はま96歳の仕事』小学館，2003

大村はま著『灯し続けることば』小学館，2004

小野寺健著『覚えておきたい人生の言葉』河出書房新社，2002

か 金澤孝，渡辺弘編『ユニセフによる地球学習の手引き：新しい視点に立った国際理解教育　中学校』教育出版，1997

金子奨，高井良健一，木村優編『「協働の学び」が変えた学校：新座高校学校改革の10年』大月書店，2018

岸見一郎著『アドラー心理学シンプルな幸福論』ベストセラーズ，2010

岸見一郎著『子どもをのばすアドラーの言葉：子育ての勇気』幻冬舎，2016

木村泰子著『「ふつうの子」なんて，どこにもいない』家の光協会，2019

木村泰子，出口汪著『21世紀を生きる力：不登校ゼロ，モンスターペアレンツゼロの小学校が育てる』水王舎，2016

キャロル・S・ドゥエック著，今西康子訳『マインドセット：「やればできる！」の研究』草思社，2016

工藤勇一著『学校の「当たり前」をやめた。：生徒も教師も変わる！公立名門中学校長の改革』時事通

信出版局, 2018

グラハム・パイク, デイヴィッド・セルビー共著, 中川喜代子監修, 阿久澤麻理子訳『地球市民を育む学習』明石書店, 1997

小林昭文著『アクティブラーニングを支えるカウンセリング24の基本スキル』ほんの森出版, 2016

さ サイモン・フィッシャー, デイヴィッド・ヒックス著, 国際理解教育・資料情報センター編訳『ワールド・スタディーズ：学びかた・教えかたハンドブック』めこん, 1991

相良奈美香著『行動経済学が最強の学問である』SBクリエイティブ, 2023

佐藤雅彦, 菅俊一原作, 高橋秀明画『ヘンテコノミクス：行動経済学まんが』マガジンハウス, 2017

佐藤学著『教育方法学』岩波書店, 1996

佐藤学著『教師たちの挑戦：授業を創る学びが変わる』小学館, 2003

佐藤学著『学校の挑戦：学びの共同体を創る』小学館, 2006

佐藤学著『学校を改革する：学びの共同体の構想と実践』岩波書店, 2012

渋谷昌三著『「しぐさ」を見れば心の9割がわかる！』三笠書房, 2008

志水宏吉『学力を育てる』岩波新書, 2005

ジェーン・ネルセン, リン・ロット, H・ステファン・グレン著, 会沢信彦訳『クラス会議で子どもが変わる：アドラー心理学でポジティブ学級づくり』コスモス・ライブラリー, 2000

ジェレミー・アトリー, ペリー・クレバーン著, 小金輝彦訳『スタンフォードの人気教授が教える「使える」アイデアを「無限に」生み出す方法』KADOKAWA, 2023

ジョン・P・コッター著『幸之助論：「経営の神様」松下幸之助の物語』ダイヤモンド社, 2008

鈴木秀子著『子どもをのばす「9つの性格」：エニアグラムと最良の親子関係』PHP研究所, 1998

鈴木義幸著『コーチングが人を活かす：やる気と能力を引きだす最新のコミュニケーション技術』ディスカヴァー・トゥエンティワン, 2000

スティーブン・R・コヴィー著『7つの習慣』キング・ベアー出版, 1996

スティーブン・R・コヴィー著『完訳第8の習慣：「効果性」から「偉大さ」へ』キング・ベアー出版, 2017

た 多湖輝著『「人の心を動かす人」はここが違う』新講社, 2002

多田孝志, 桜橋賢次編『ユニセフによる地球学習の手引き：新しい視点に立った国際理解教育　小学校』教育出版, 1997

ダン・ロスステイン, ルース・サンタナ著『たった一つを変えるだけ：クラスも教師も自立する「質問づくり」』新評論, 2015

ティナ・シーリグ著『20歳のときに知っておきたかったこと：スタンフォード大学集中講義』阪急コミュニケーションズ, 2010

デボラ・マイヤー著, 北田佳子訳『学校を変える力：イースト・ハーレムの小さな挑戦』岩波書店, 2011

デール・カーネギー研究室編『デール・カーネギー：人の心を動かすプロの教え』アスペクト, 2007

東京大学教育学部附属中等学校編著『学び合いで育つ未来への学力：中高一貫教育のチャレンジ　新版』明石書店, 2010

苫野一徳著『「学校」をつくり直す』河出新書, 2019

苫野一徳監修, 古田雄一, 認定NPO法人カタリバ編著『校則が変わる, 生徒が変わる, 学校が変わるみんなのルールメイキングプロジェクト』学事出版, 2022

な 内藤誼人著『人は「暗示」で9割動く！：人間関係がラクになるコミュニケーション心理術』すばる舎, 2007

中室牧子著『「学力」の経済学』ディスカヴァー・トゥエンティワン, 2015

中山芳一著『家庭, 学校, 職場で生かせる！自分と相手の非認知能力を伸ばすコツ』東京書籍, 2020

西川純著『気になる子の指導に悩むあなたへ：学び合う特別支援教育』東洋館出版社, 2008

西村徹著『東井義雄の言葉：こころの花がひらくとき』致知出版社, 2015

野田俊作, 萩昌子著『クラスはよみがえる：学校教育に生かすアドラー心理学』創元社, 1989

は 波多野誼余夫, 稲垣佳世子著『知的好奇心』中公新書, 1973
畑村洋太郎著『失敗学のすすめ』講談社, 2000
ハンス・ロスリング, オーラ・ロスリング, アンナ・ロスリング・ロンランド著, 上杉周作, 関美和訳『FACTFULNESS：10の思い込みを乗り越え, データを基に世界を正しく見る習慣』日経BP社, 2019
日野原重明著『十歳のきみへ：九十五歳のわたしから』冨山房インターナショナル, 2006
平川理恵著『クリエイティブな校長になろう：新学習指導要領を実現する校長のマネジメント』教育開発研究所, 2018
平山諭著『満足脳にしてあげればだれもが育つ!』ほおずき書籍, 2011
ビル・オハンロン著, 阿尾正子訳『考え方と生き方を変える10の法則：原因分析より解決思考が成功を呼ぶ』主婦の友社, 2001
ブレイディみかこ著『ぼくはイエローでホワイトで, ちょっとブルー：The Real British Secondary School Days』新潮社, 2019
ブレイディみかこ著『ぼくはイエローでホワイトで, ちょっとブルー2：The Real British Secondary School Days』新潮社, 2021
プロジェクト・アドベンチャー・ジャパン著『グループのちからを生かす：成長を支えるグループづくり：プロジェクト・アドベンチャー入門』C.S.L.学習評価研究所, 2005
星一郎著『アドラー博士が教える子どもを伸ばすほめ方ダメにするほめ方：親のひと言がその子の将来を左右する』青春出版社, 2009
ポーポー・ポロダクション著『マンガでわかる行動経済学：いつも同じ店で食事をしてしまうのは?なぜギャンブラーは自信満々なのか?』SBクリエイティブ, 2014

ま 前田康裕著『まんがで知るデジタルの学び：ICT教育のベースにあるもの』さくら社, 2022
松村二美著『学級愉快：そこには, 子供, 先生, 親の溢れる愛があった』風詠社, 2013
松村二美著『学級愉快2：きらり, ほろり, しんみり, 今伝えたい涙の実話』風詠社, 2015
マーティン・セリグマン著, 宇野カオリ監訳『ポジティブ心理学の挑戦："幸福"から"持続的幸福"へ』ディスカヴァー・トゥエンティワン, 2014
向山洋一著『授業の腕をあげる法則』明治図書出版, 1985
森俊夫著『"問題行動の意味"にこだわるより"解決志向"で行こう』ほんの森出版, 2001
森重裕二, 諸富祥彦著『クラス会議で学級は変わる!』明治図書出版, 2010

や 横藤雅人著『子供たちからの小さなサインの気づき方と対応のコツ：どの子も輝く学級づくり』学事出版, 2006
横藤雅人, 武藤久慶著『その指導, 学級崩壊の原因です!「かくれたカリキュラム」発見・改善ガイド：授業中, 一人の児童を指導している間, 他の児童は何をしていますか?』明治図書出版, 2014
吉井理人著『最高のコーチは教えない』ディスカヴァー・トゥエンティワン, 2018

ら レフ・ヴィゴツキー著, 柴田義松訳『思考と言語：新訳版』新読書社, 2001

＊執筆者たちは, これらを心の糧として授業づくりに臨みました。
　少しでも, お役に立つことを願っています。

❶	職歴
❷	著書等
❸	「生徒主体の授業」を目指したきっかけ
❹	モットー等

著者紹介

中嶋洋一
★「はじめに」, 1章, 5章,「おわりに」担当。2章～4章の責任編集

❶富山県出身。埼玉県, 富山県の小・中学校で勤務 (22年) の後, 砺波教育事務所の指導主事 (3年), 砺波市立出町中学校教頭 (3年) を経て関西外国語大学へ。令和5年3月退官。現在は, 英語 "わくわく授業" 研究所代表を務める。第66回全英連山口大会基調講演 (2016), (公財) 日本英語検定協会派遣講師 (1998年–)。

❷単著:『英語好きにする授業マネージメント30の技』, 『"英語の歌" で英語好きにするハヤ技30』(いずれも明治図書出版 2000) 他／共著:『だから英語は教育なんだ』(三浦孝他編著, 研究社出版 2002), 『英語教育 ゆかいな仲間たちからの贈りもの』(菅正隆他著, 日本文教出版 2010), 『「プロ教師」に学ぶ真のアクティブ・ラーニング』(中嶋洋一編, 開隆堂出版 2017)／代表著者:中学校検定教科書『Sunshine English Course』(開隆堂出版)／出演等:DVD『中嶋洋一の子どもが輝く英語の授業 (全6巻)』(バンブルビー＆メディコム), 『6way Street (全3巻)』(菅正隆他, バンブルビー＆メディコム), 『NHKわくわく授業 私の教え方』(ベネッセコーポレーション 2008), 「えいごルーキーGABBY」(NHK Eテレ 2009) 番組委員, 「Rの法則」(NHK Eテレ 2011～2012) 企画・出演

❸埼玉時代に出会った奥住公夫先生 (現帝京大学 奥住桂氏のお父様) から, 自己表現こそが最大の生徒指導 (自己実現) になることを学んだこと。また, 3度, 荒れに遭遇したときに, 小学校から聞き続けた洋楽と高校時代の演劇経験が, 荒れを克服する「ヒント」になったことから, 人生は全てつながっていることを痛感したこと。

❹人は人の役に立つために生まれる。自分が生まれたのには意味がある。生まれたときに, 神様によってそっと背中に貼られており, それに気づくチャンスが必ず来る。そして, 神様は, 自分が乗り越えられないような課題は与えない。そう考えるようになり, 40代に入ってから「中嶋塾」(北海道から九州まで70名のメンバー。6年間, 毎月第2土曜, 富山で開催)「地球市民を育てる教師のための研修会」(10年間で100回, 大阪で開催)「NUの会」(大阪府の中学校校長会会長の宇治和比古氏とのジョイントで, 全ての教科の授業ビデオをストップモーションで助言。関西圏の中学校教師を対象に5年間, 大阪で開催)「教師のための綴り方教室」(課題やコラムづくりを通して, 授業デザイン力を向上させるオンライン研修。大修館書店の連載1年を含めて2年間開催) などをボランティアで行う。また, 今まで講演依頼を受けながら, 授業日の関係で断ることが多かったので, 2022年に『英語 "わくわく授業" 研究所』を立ち上げる。広く「体験型ワークショップ」, 「中・高の飛び込み授業」, 「小中のキャリア教育」, 「校内研修」の依頼, 「指導案＆定期テストの相談」などに応えている。URL: https://nakayoh.jp

宮崎貴弘
★2章2-2-1〜2-2-6を担当

❶神戸市出身。神戸市の中学校で勤務（6年）の後，2013年より神戸市立葺合高等学校教諭（2学年主任）。2018年から2年間，兵庫教育大学大学院学校教育研究科で「3人のやり取りにおける生徒の発達」について研究する。

❷共著：『「プロ教師」に学ぶ真のアクティブ・ラーニング』（中嶋洋一編，開隆堂出版 2017），『Q＆A高校英語指導法事典』（樋口忠彦監修，教育出版 2019）他／編著：中学校検定教科書『Blue Sky English Course』（新興出版社啓林館），高等学校検定教科書『CROWN English Logic and Expression』（三省堂出版）等／雑誌等：『英語教育』（大修館書店）「先輩教えて」シリーズ（2015-2018）

❸大学生のとき，『だから英語は教育なんだ』（三浦孝，弘山貞夫，中嶋洋一編，研究社）を読み，衝撃を受けたこと。思わずペンを手に取り，一心不乱に書いた手紙を中嶋先生に送る。速達で届いたお返事を，手が震えながら開封する。そこから，中嶋先生のもとで学ばせていただく。英語は，人と人をつなぐ言葉であることを思い知る。

❹生徒の学びに終わりはない。一生涯続く学びの一部分に携わるのが教師の仕事。だからこそ，今，最大限できることを，目の前の生徒に尽くす。

高橋友紀
★3章3-3-1〜3-3-4を担当

❶京都府の中学校4校に勤務した後，京都府中丹教育局授業力向上アドバイザー，京都府教育委員会学校教育課指導主事（小学校・中学校外国語教育担当，道徳教育担当）を経て，現在，京都府綾部市立綾部中学校教諭（研究主任）。

❷共著『小学校 外国語科・外国語活動の授業づくり』（赤沢真世編著，教育出版 2021）

❸「地球市民を育てる教師のための研修会」のラストイヤーX期に運良く参加し，憧れだった中嶋洋一氏との出会いで教員人生が大きく変わる。授業づくりはもちろん，同僚性に悩んでいたとき，思い切って中嶋氏に「先生はなぜ人のためにそこまでやれるのですか」と質問。「楽しいからやっているんですよ」というシンプルな答えに，頭をハンマーで殴られたような衝撃を受ける。その日以来，見える景色が変わり，「なんでも楽しむ！」と大きく方向転換。学校はワクワクと愛で溢れている場所となる。苦手だった大人同士の関係も，ギブ・アンド・ギブの姿勢で向き合うことができるようになる。子どもたちが主役の学校づくり，授業づくりを目指し，子どもたちからもらう愛情をパワーに毎日奮闘中。20年以上自分を支えているのはMr. Childrenの「タガタメ」と「終わりなき旅」。

❹ただただ，目の前の子どもたちが愛おしい。出会いに感謝し，つながりのなかで生かされていることに感謝。いつも真剣に，一生懸命をモットーに，子どもたちが出会った「今までで一番熱い人」になることが目標。

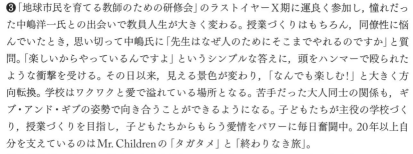

岡山直樹
★4章4-4-1～4-4-4を担当

❶神戸市内の公立高校に勤務（20年間）の後，現在，神戸市立須磨翔風高校（教頭）。2005年近畿中・高・大英語教育連絡協議会高等学校授業実践者（セルハイ），2008年英語授業研究学会関西支部春季研究大会発表者（セルハイ），2012年兵庫県高等学校教育研究会英語部会研究大会ワークショップ実践発表者，2016-2018年英語教育推進リーダー（文科省LEEP），2017年神戸市立中学・高等学校研修英語指導員など。

❷編著：高等学校検定教科書『be English Logic and Expression Clear I』（いいずな書店）

❸中嶋先生の「地球市民を育てる教師のための研修会」に参加を決意し，研修会で熱い液体が頬を伝ったとき，自分の中で何かが音をたてて崩れていった。そこに希望の新芽が発芽した。「目的（育った子どもの姿）」を共有することで，心の声が引き出されることを知ったときの衝撃と感動は，今でも忘れられない。人は心のつぶやきを交換し合って生きている。温かい心の交流が一番のやる気スイッチであることに気づかせていただけたことに感謝。

❹ピンチは最大のプレゼント。神様は，敵の顔をしてやってくる。だからこそ，いつも「読解力」を磨いておく必要がある。ウェルカム・トラブル。よく噛むベーグル。人生はこれだから味わい深い。

吉岡拓也
★2章 2-2-7, 2-2-8, 3章 3-3-5, 3-3-6, 4章 4-4-5, 4-4-6を担当

❶神戸市立摩耶兵庫高等学校（数学教諭）勤務の後，現在，神戸市教育委員会学校教育部教科指導課 指導主事（ICT担当）。前任校では3年間，教務主任。自律して学び続ける生徒を育てるために，同僚を巻き込んで授業づくりに取り組む。現在，ICTを活用した授業改善を目指し，神戸市立小学校，中学校，高等学校で，GIGAスクール構想における挑戦を支えている。

❷単著：『GIGAスクール構想に対応した中学校数学の指導アイデア＆アクション』（明治図書出版 2022）／共著：『算数・数学 授業研究ハンドブック』（日本数学教育学会編，東洋館出版社 2021）／雑誌等：『月間学校教育相談』（ほんの森出版）『数学教育』（明治図書出版）／『月間生徒指導』，『月間高校教育』（いずれも学事出版），『内外教育』（時事通信社），「Ed Tech Zine」（翔泳社）「GIGAスクール構想から考える生徒指導」（2021-）

❸ある日の授業で，生徒が「何でこんな考えができるん!?」と叫び，それが学級の仲間に届き，みんなで夢中になって問題を考えたこと。そのときの生徒たちの表情，心の高揚感を今でも覚えている。「わからなさ」の大切な意味を，生徒たちから学んだ。出会った生徒たちに心から「ありがとう」と言いたい。そして，その感謝のバトンを，一人でも多くの先生へ――。

❹おもしろきこともなき世をおもしろく。どんなことも自分の心の持ち方次第。わからないことに向き合うって楽しい，仲間との挑戦ってワクワクする。そんな心躍る毎日を過ごしたい。

英語教師の授業デザイン力を高める3つの力
――読解力・要約力・編集力

© Nakashima Yoichi, 2023　　　　　　　　　NDC375／vii, 229p／21 cm

初版第1刷――2023年9月10日

編著者―――中嶋洋一
発行者―――鈴木一行
発行所―――株式会社 大修館書店
　　　　　　〒113-8541　東京都文京区湯島2-1-1
　　　　　　電話 03-3868-2651（販売部）　03-3868-2292（編集部）
　　　　　　振替 00190-7-40504
　　　　　　[出版情報] https://www.taishukan.co.jp

装丁・本文デザイン―――渡部岳大（WELL PLANNING）
装画・本文イラスト―――中島海里
印刷所―――精興社
製本所―――難波製本

ISBN978-4-469-24668-1　Printed in Japan